DIESES BUCH GEHÖRT

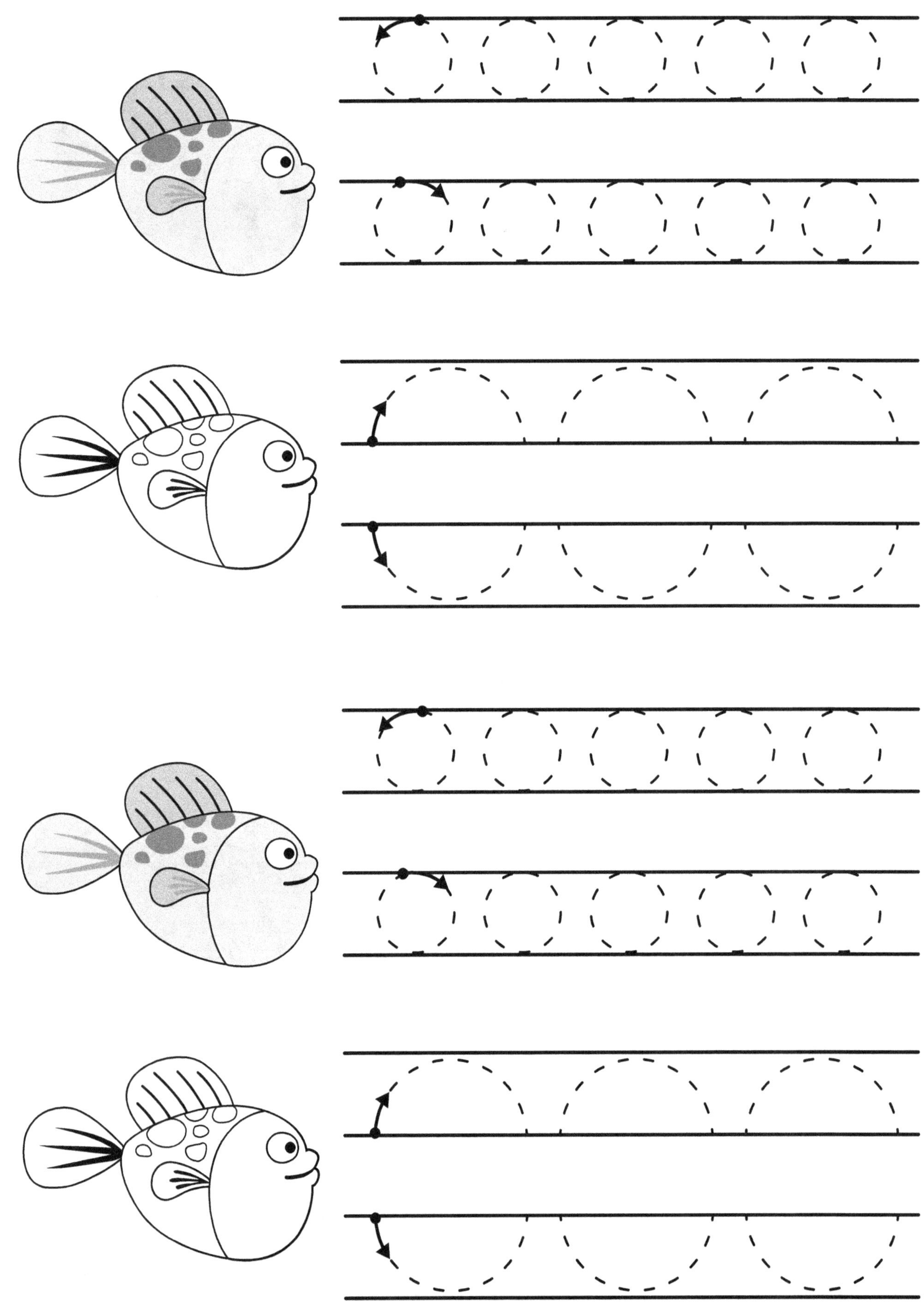

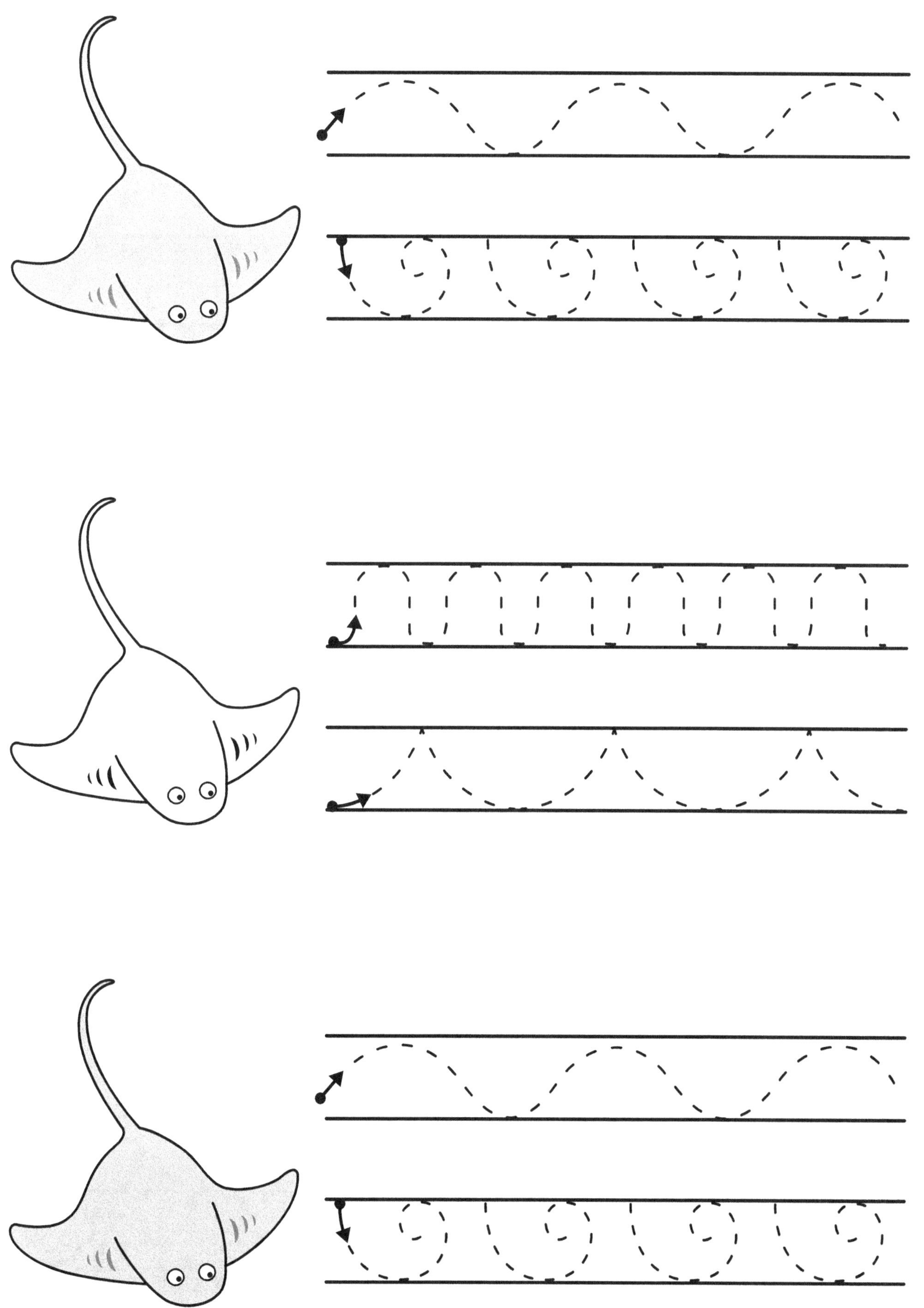

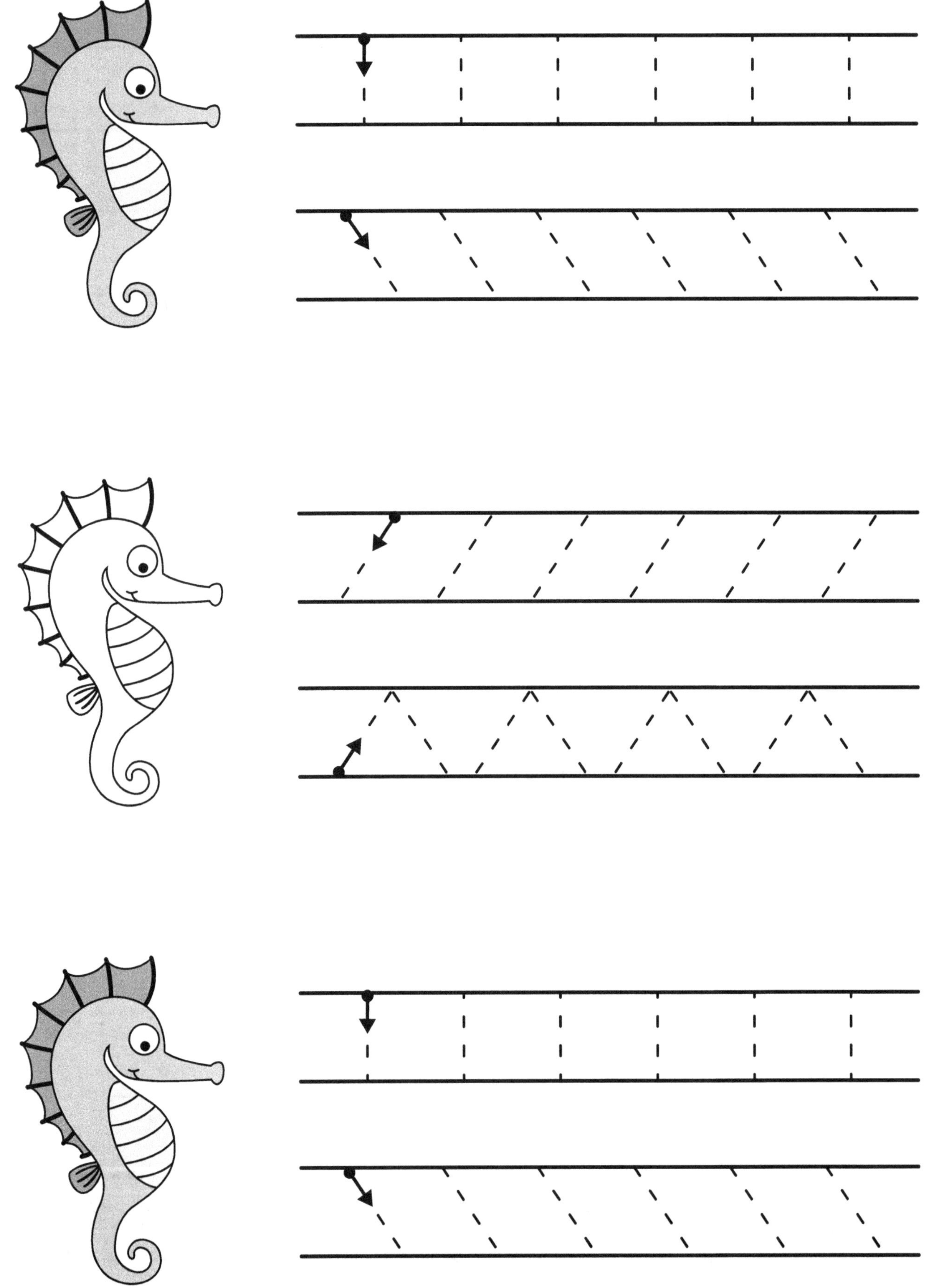

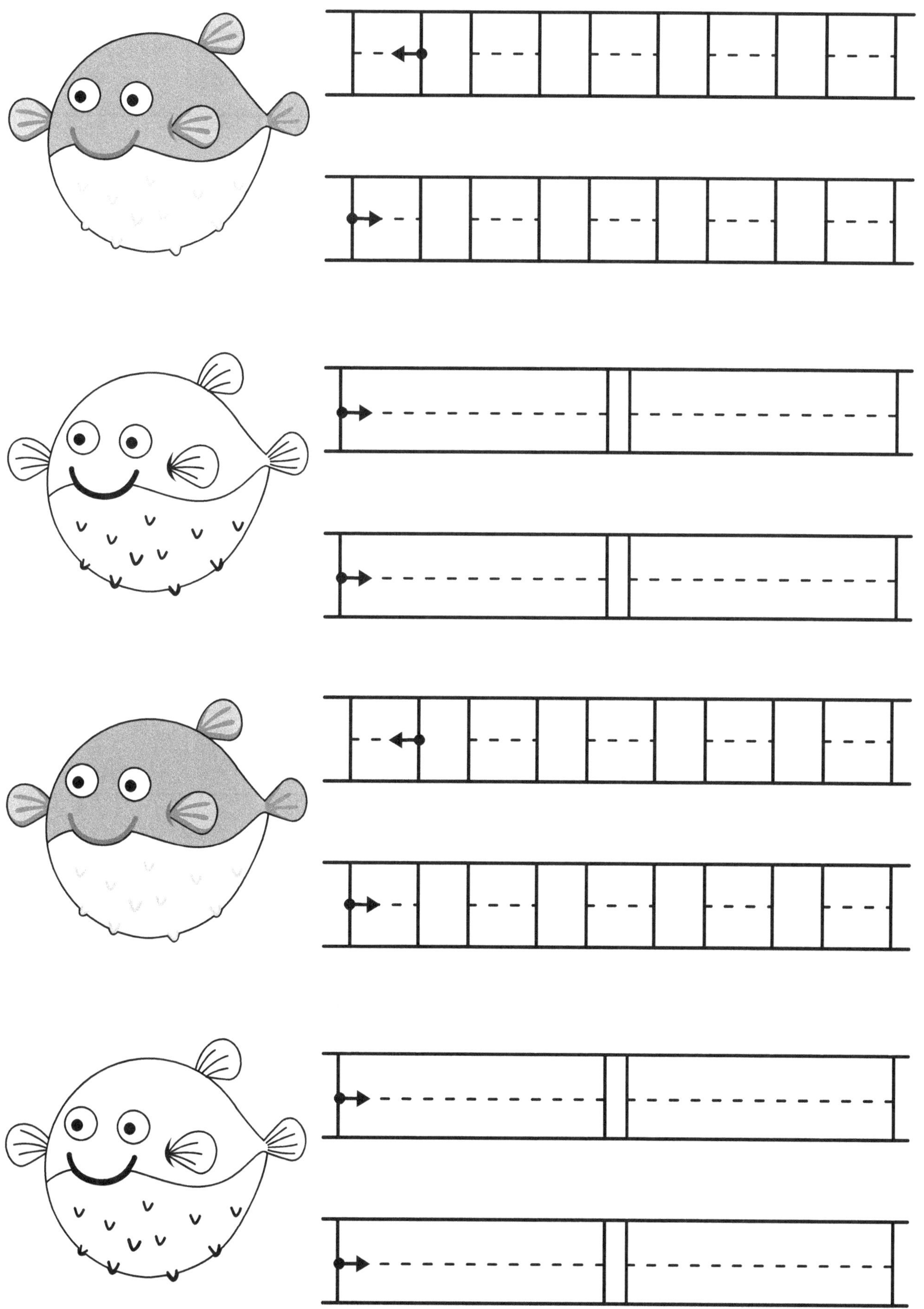

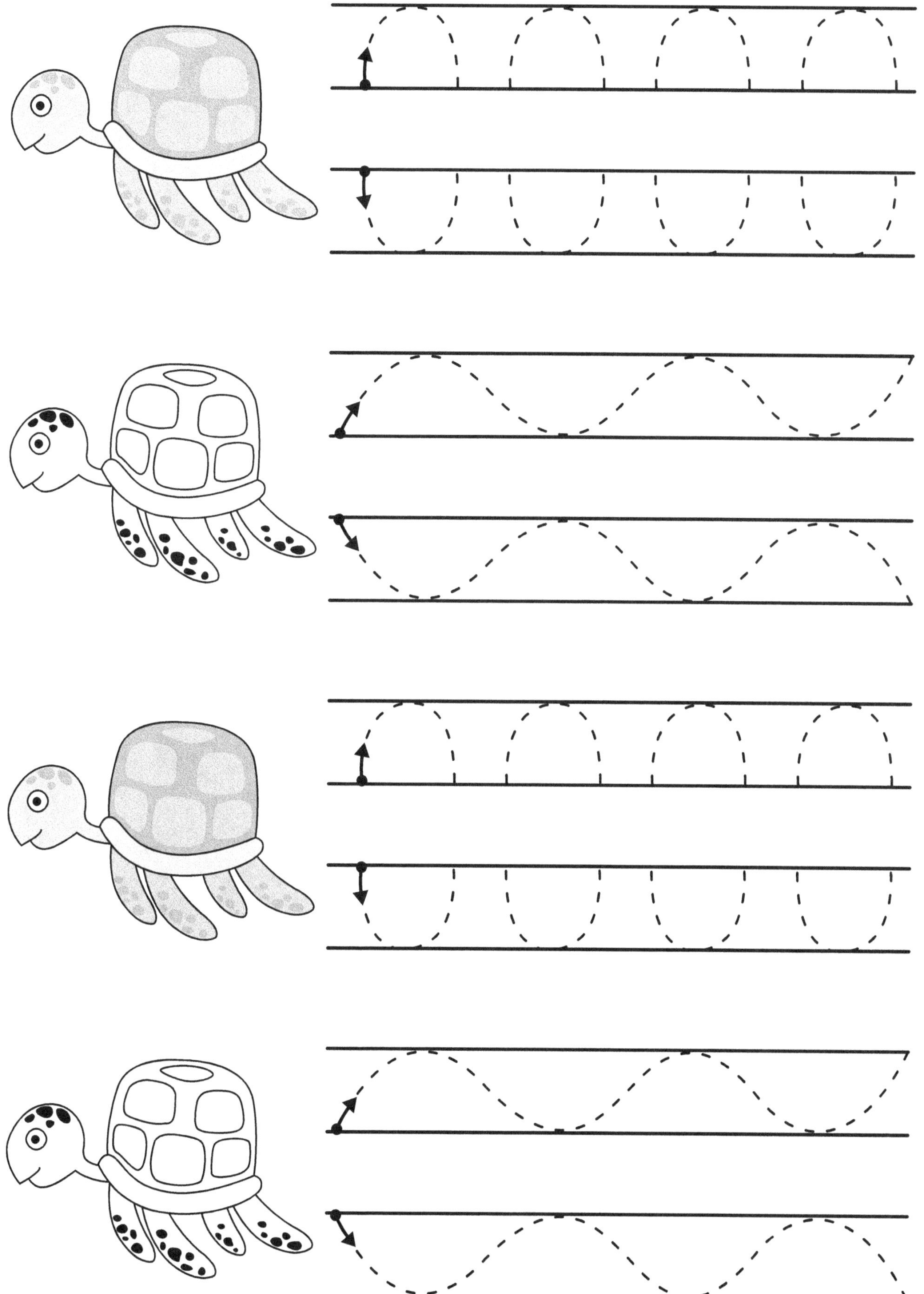

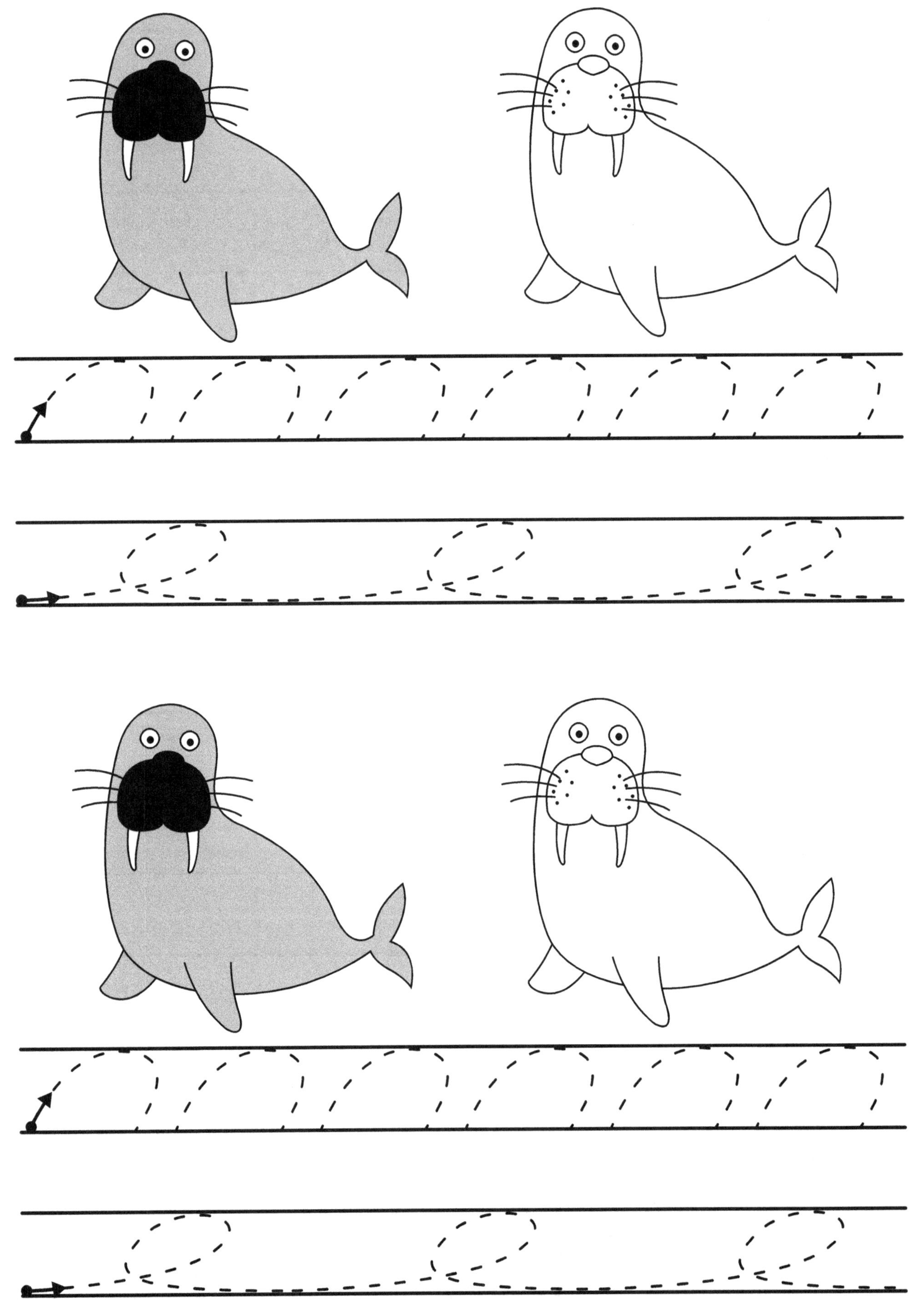

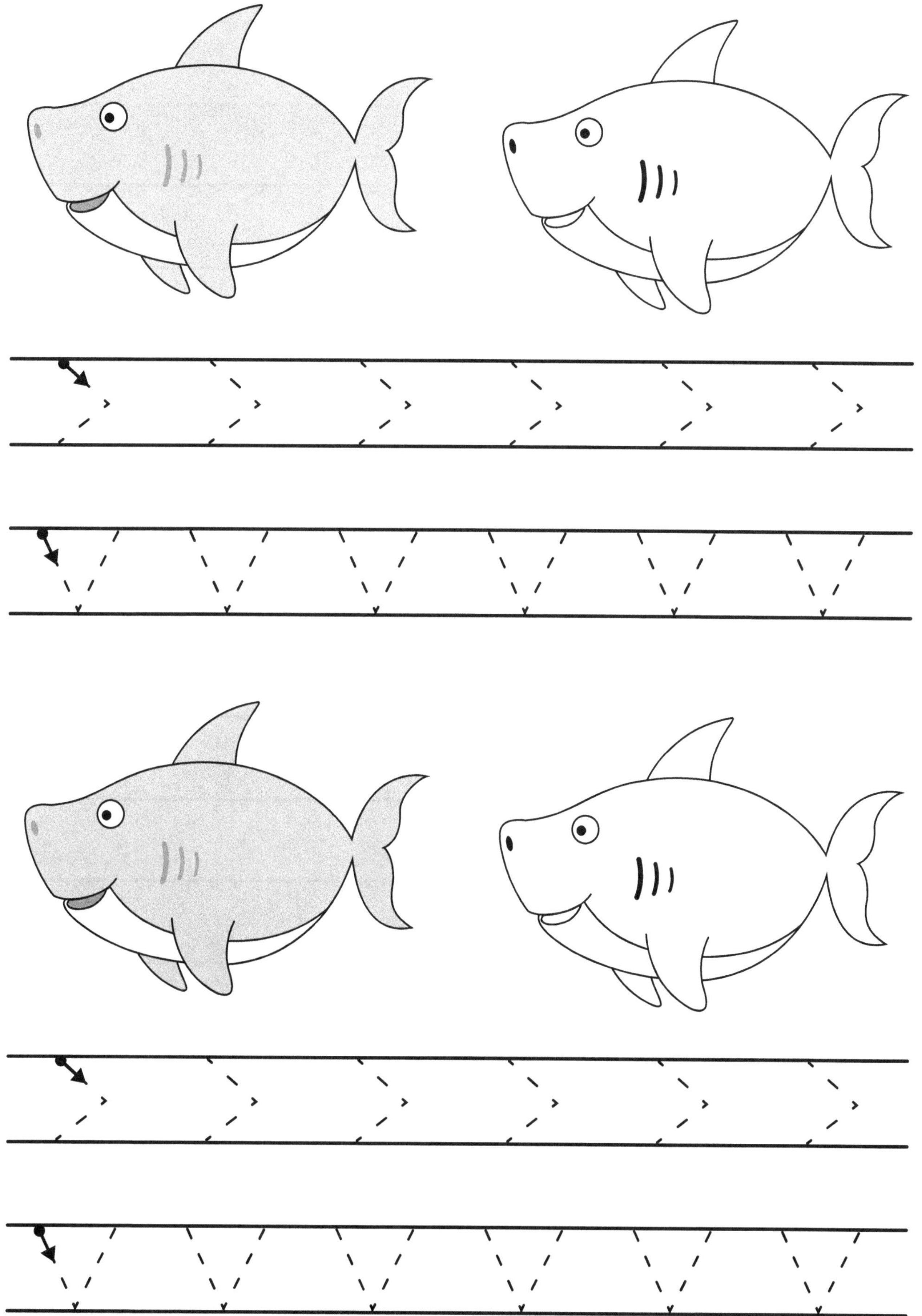

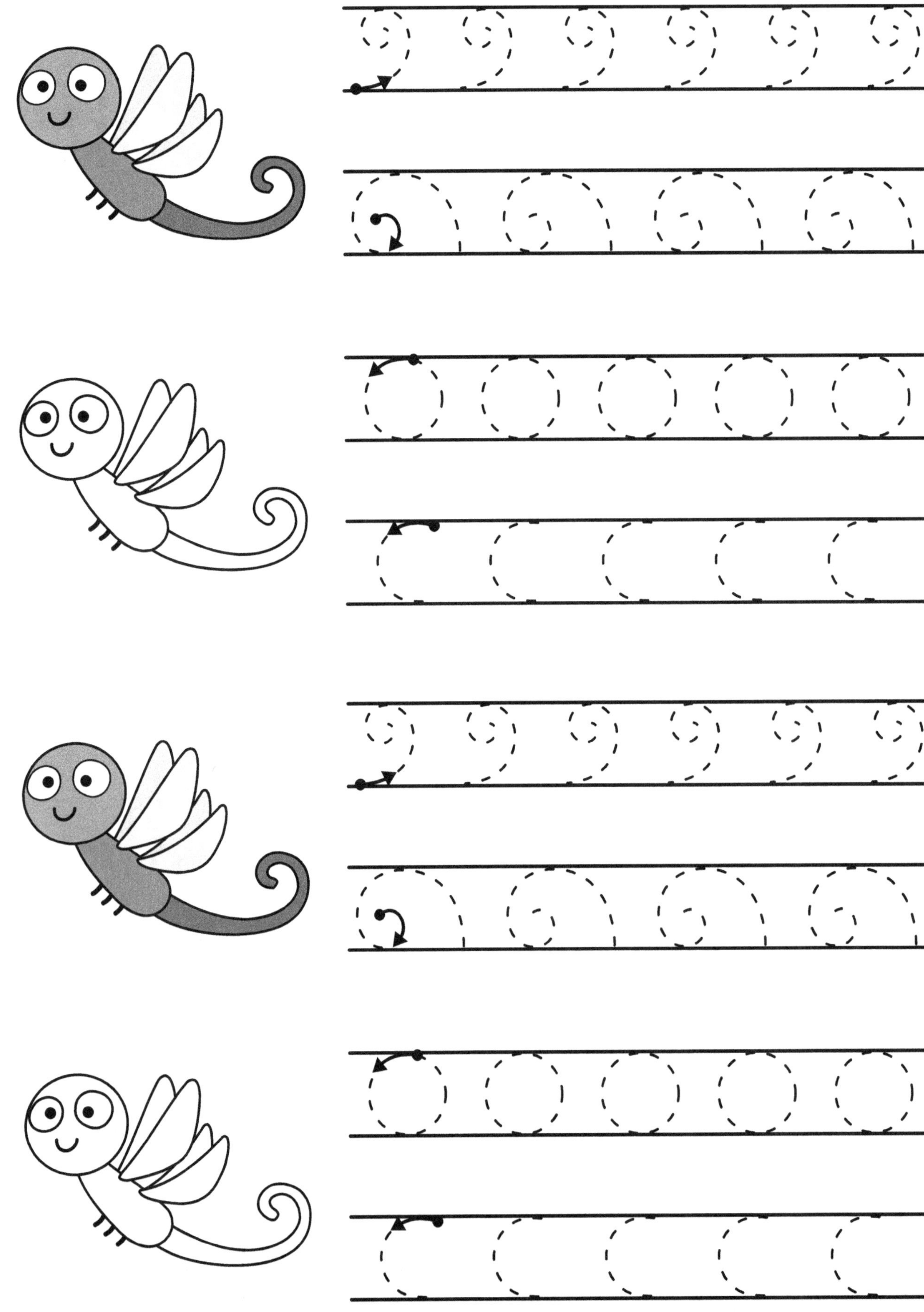

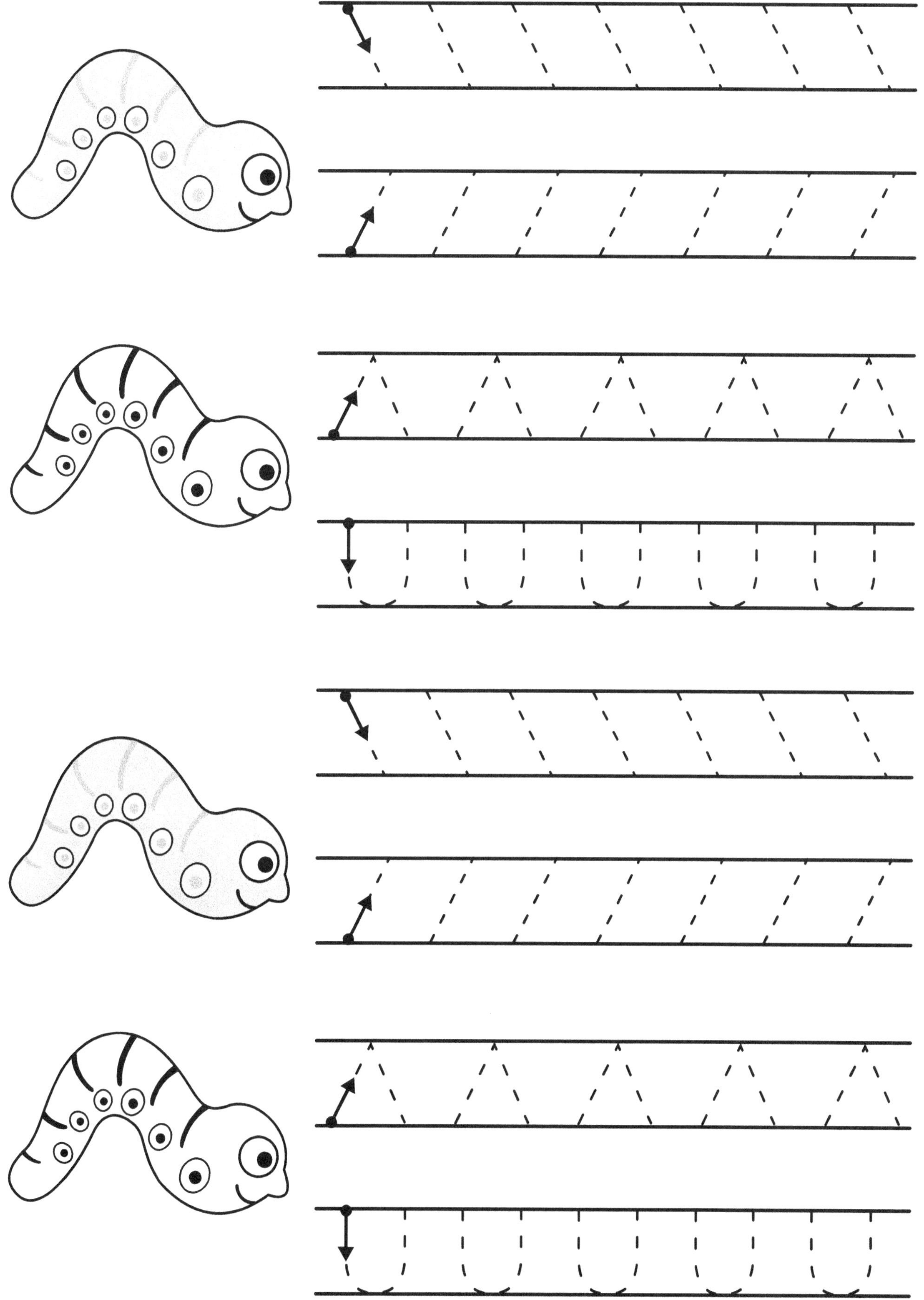

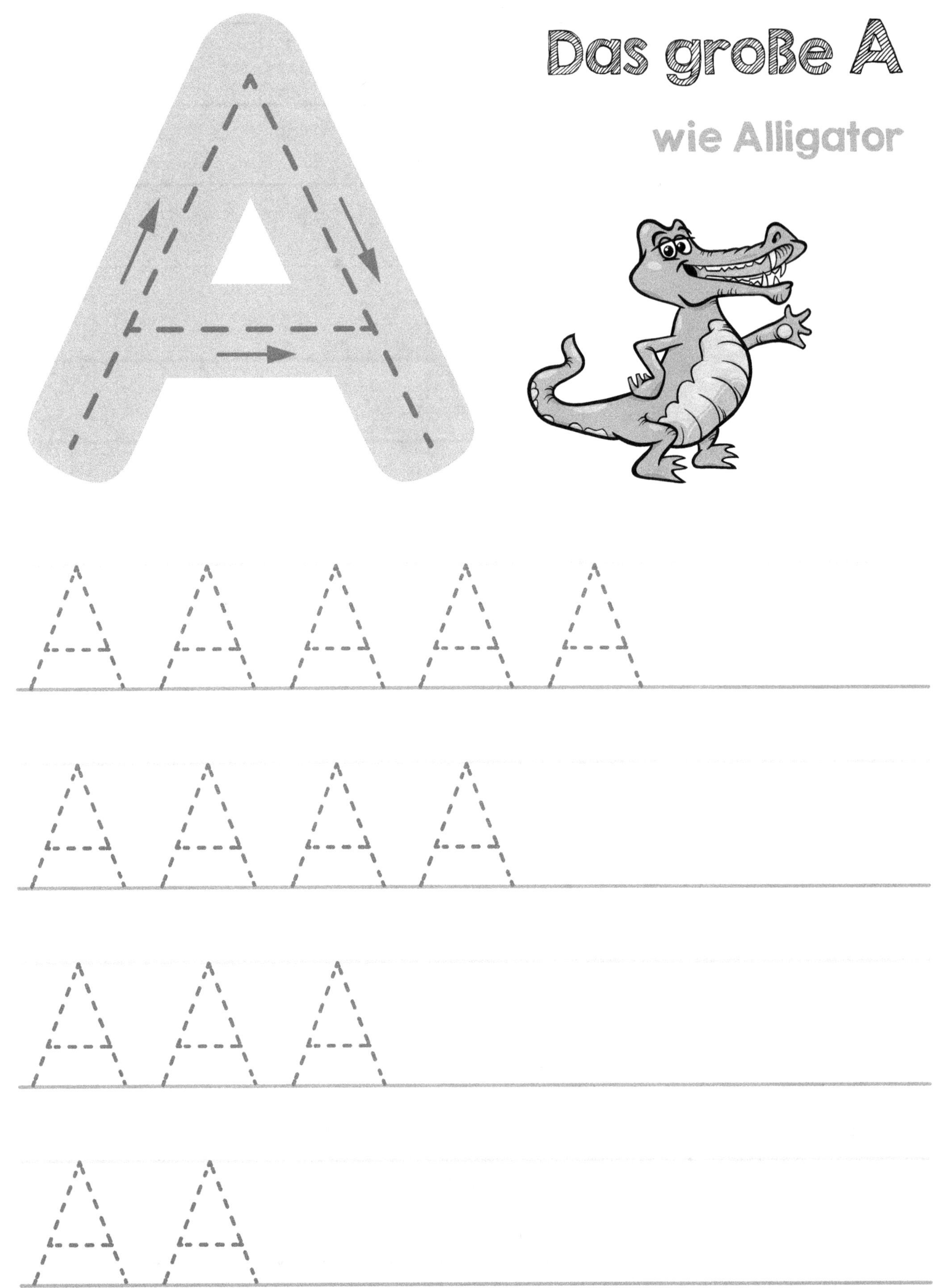

Das große A
wie Alligator

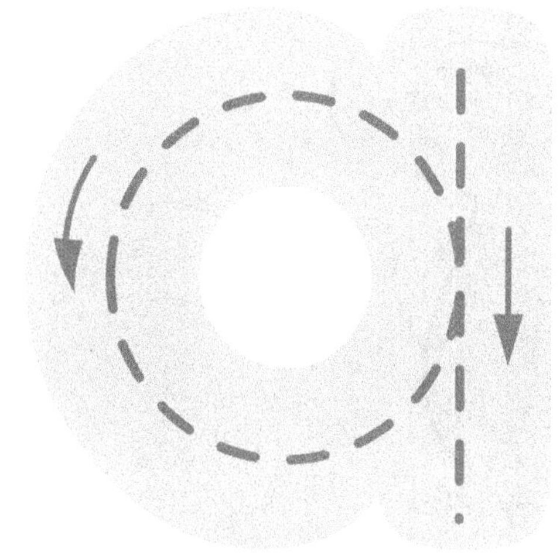

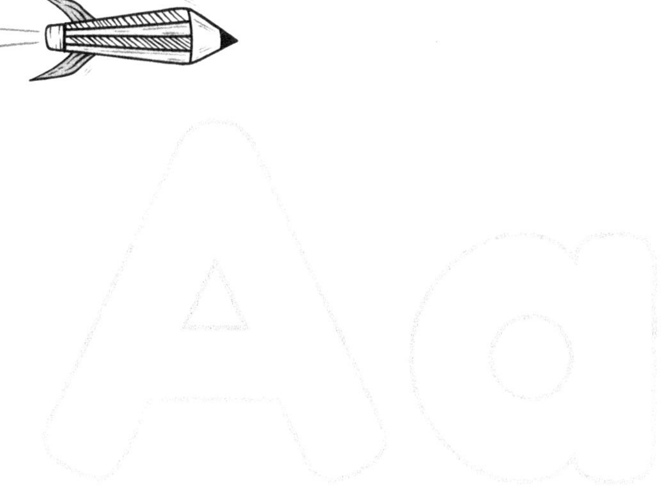

B B B B B

B B B B

B B B

B B

Das kleine b

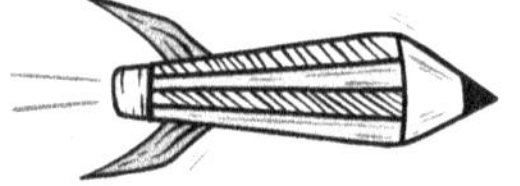

Das große C
wie Chamäleon

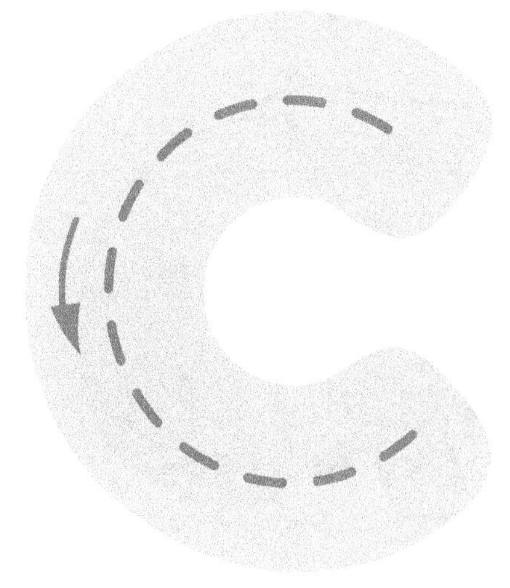

wie Dachs

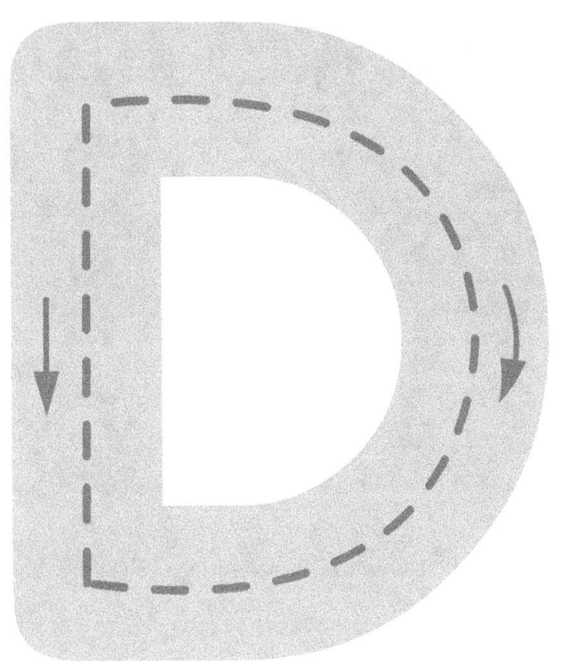

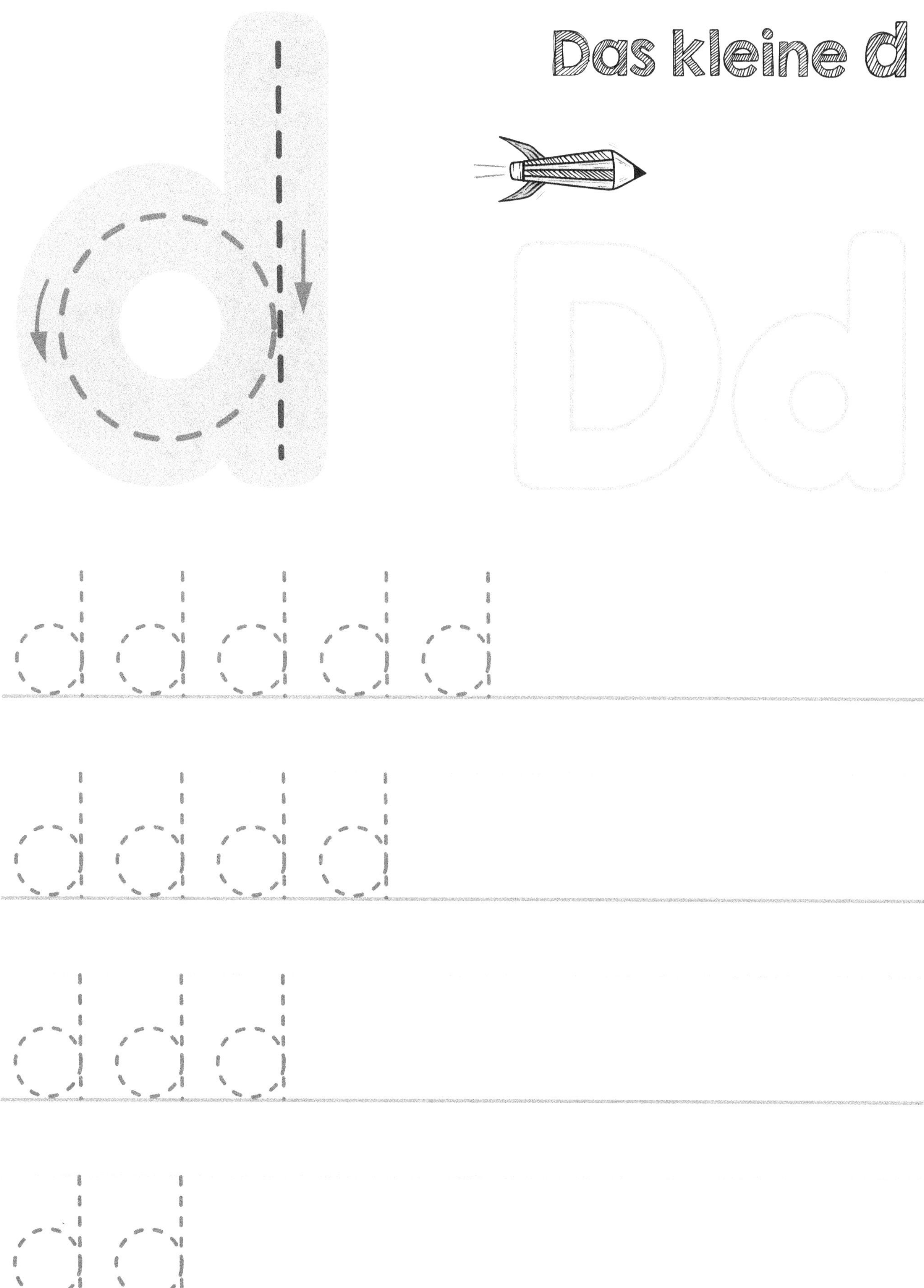

Das kleine d

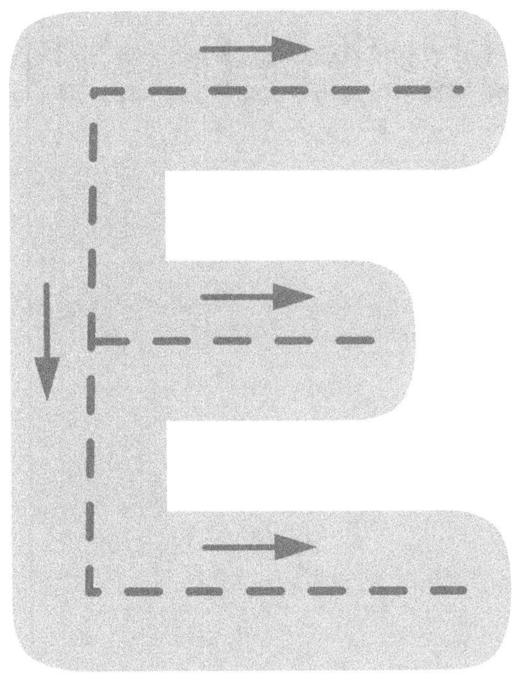

Das große E

wie Elefant

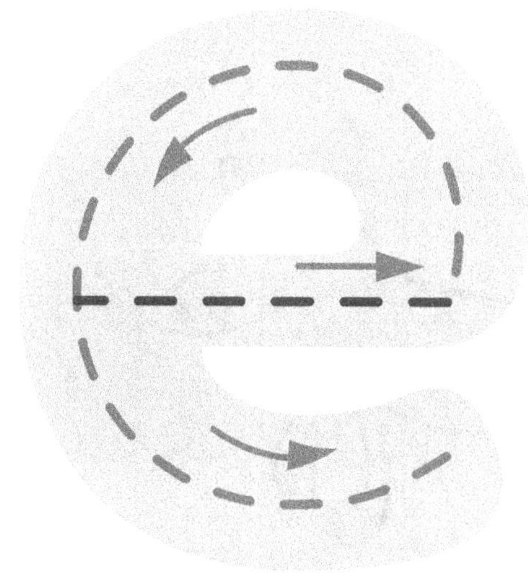

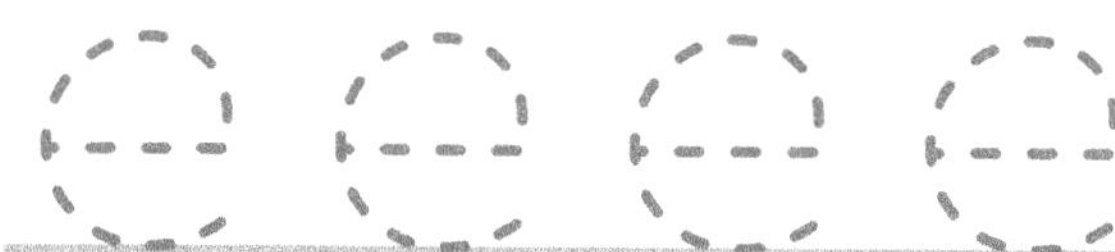

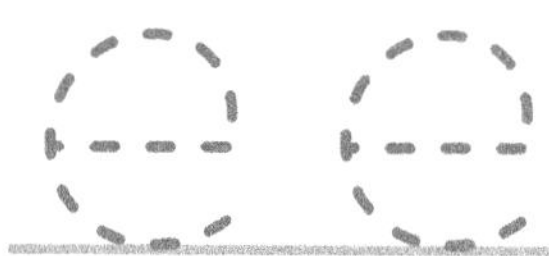

Das große F
wie Fuchs

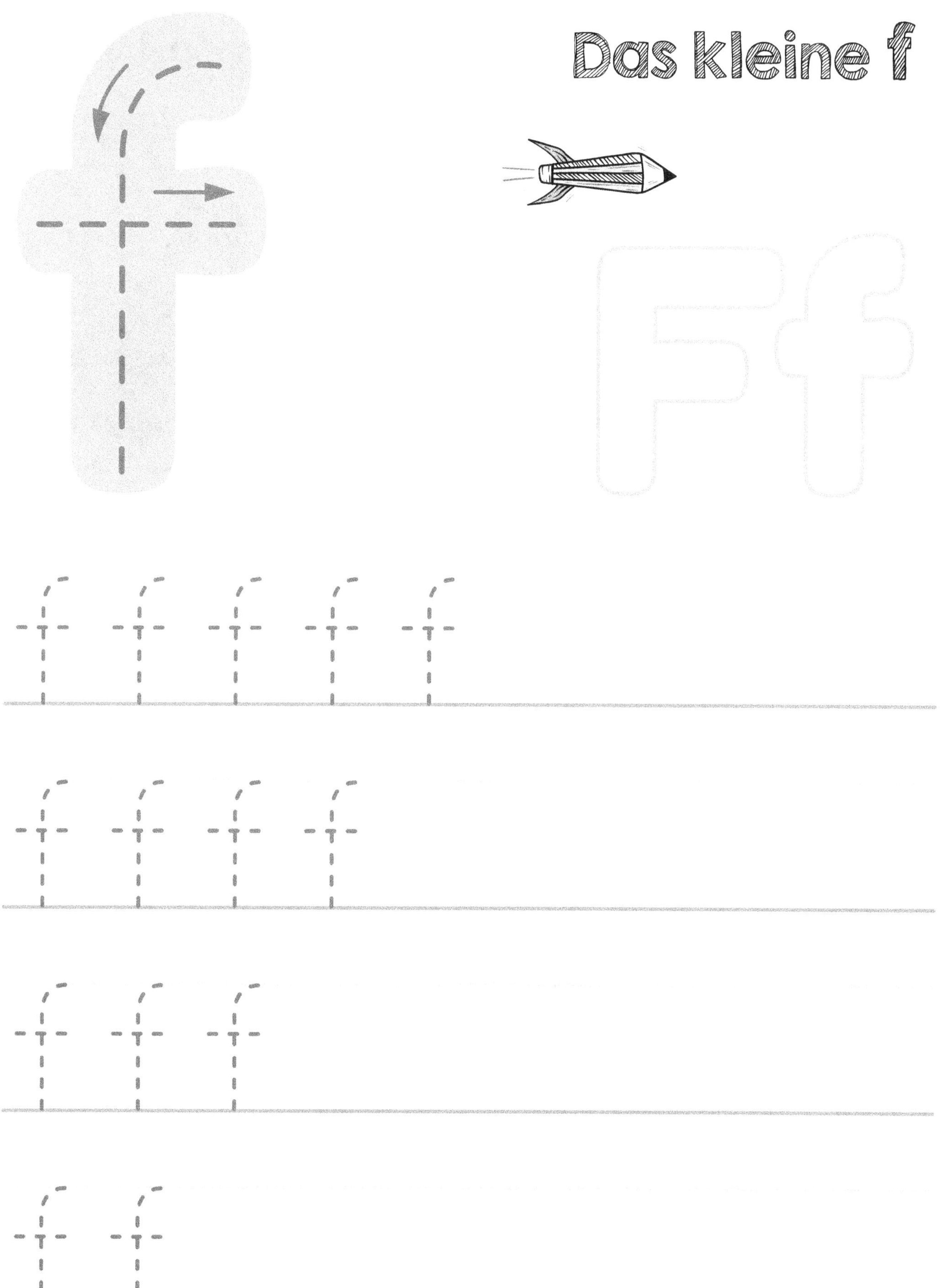
Das kleine f

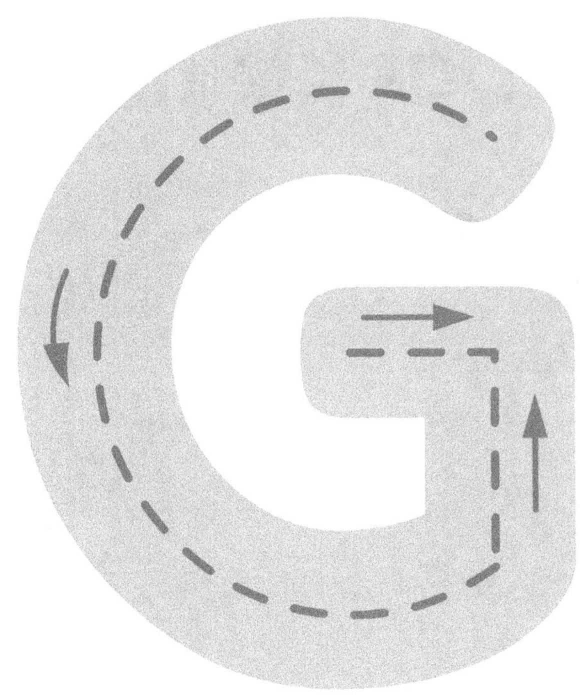Das große G

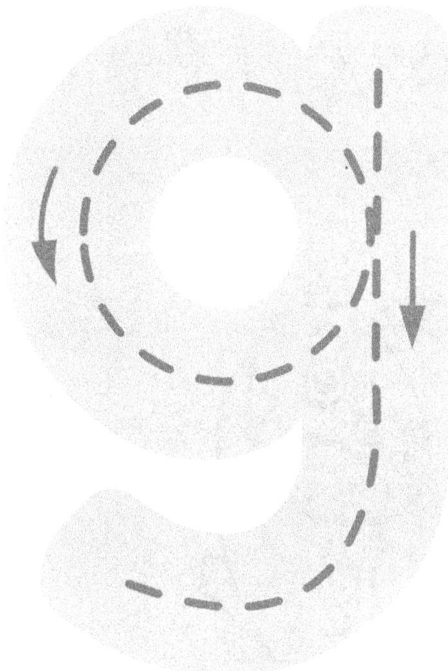

Das große H
wie Hund
H

Das kleine h
Hh

wie Igel

Das kleine i

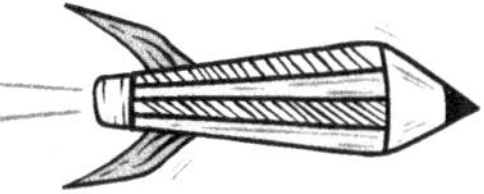

Das große J
wie Jaguar

Das kleine j

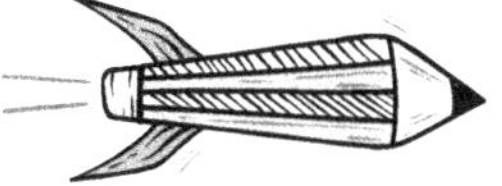

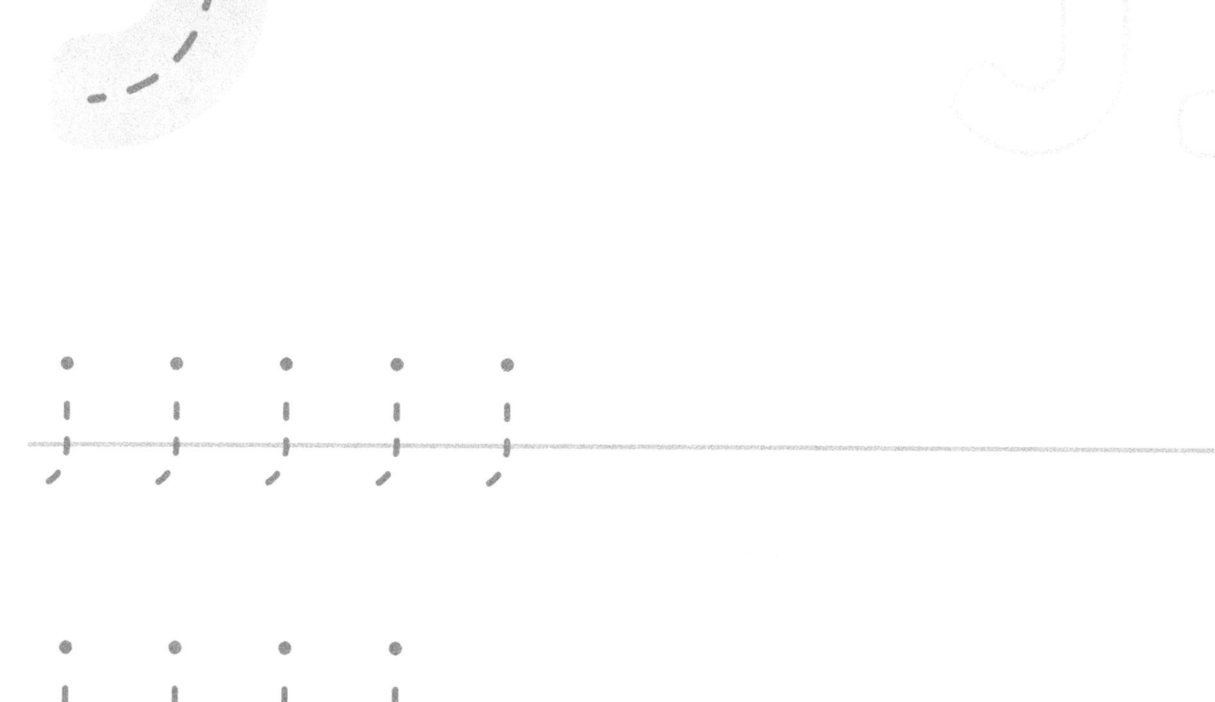

Das große K

wie Känguru

K K K K K

K K K K K

K K K

K K

Das kleine k

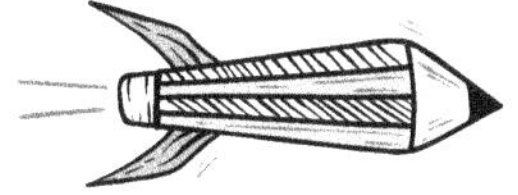

Das große L
wie Löwe

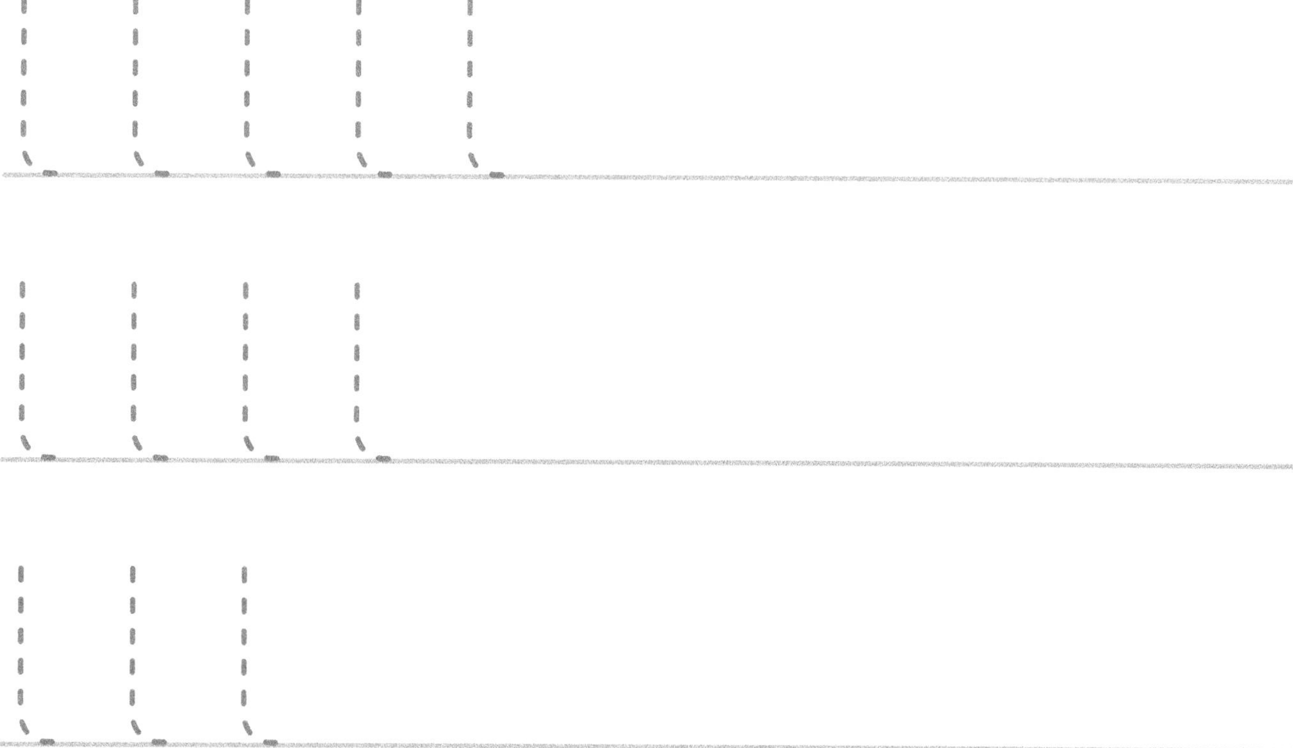

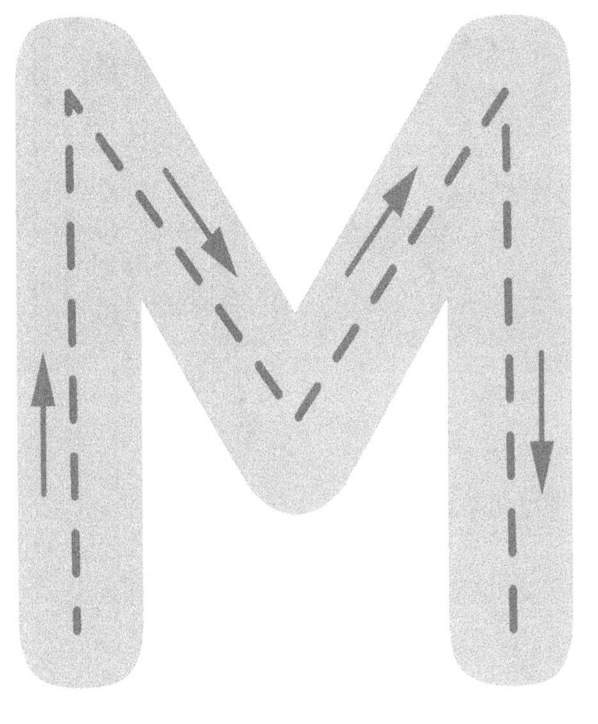

Das große M

wie Maus

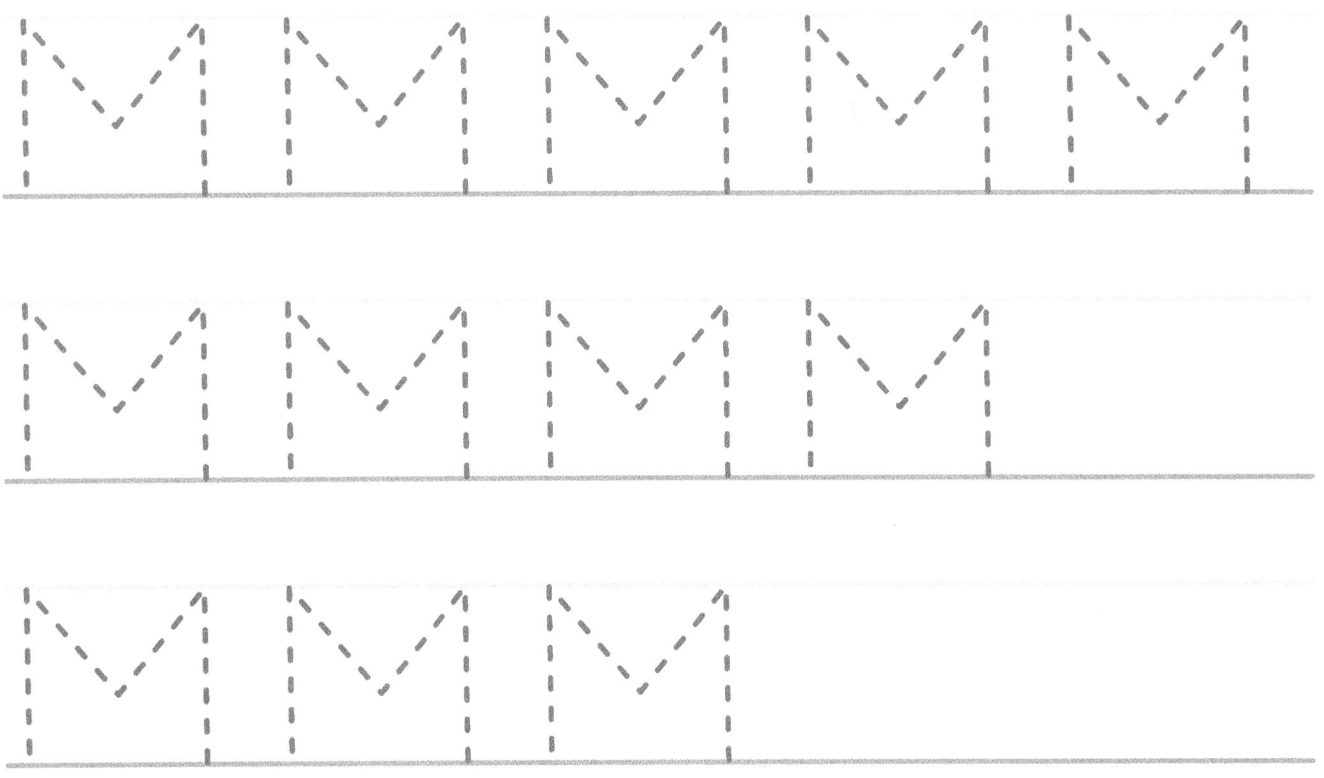

Das kleine m

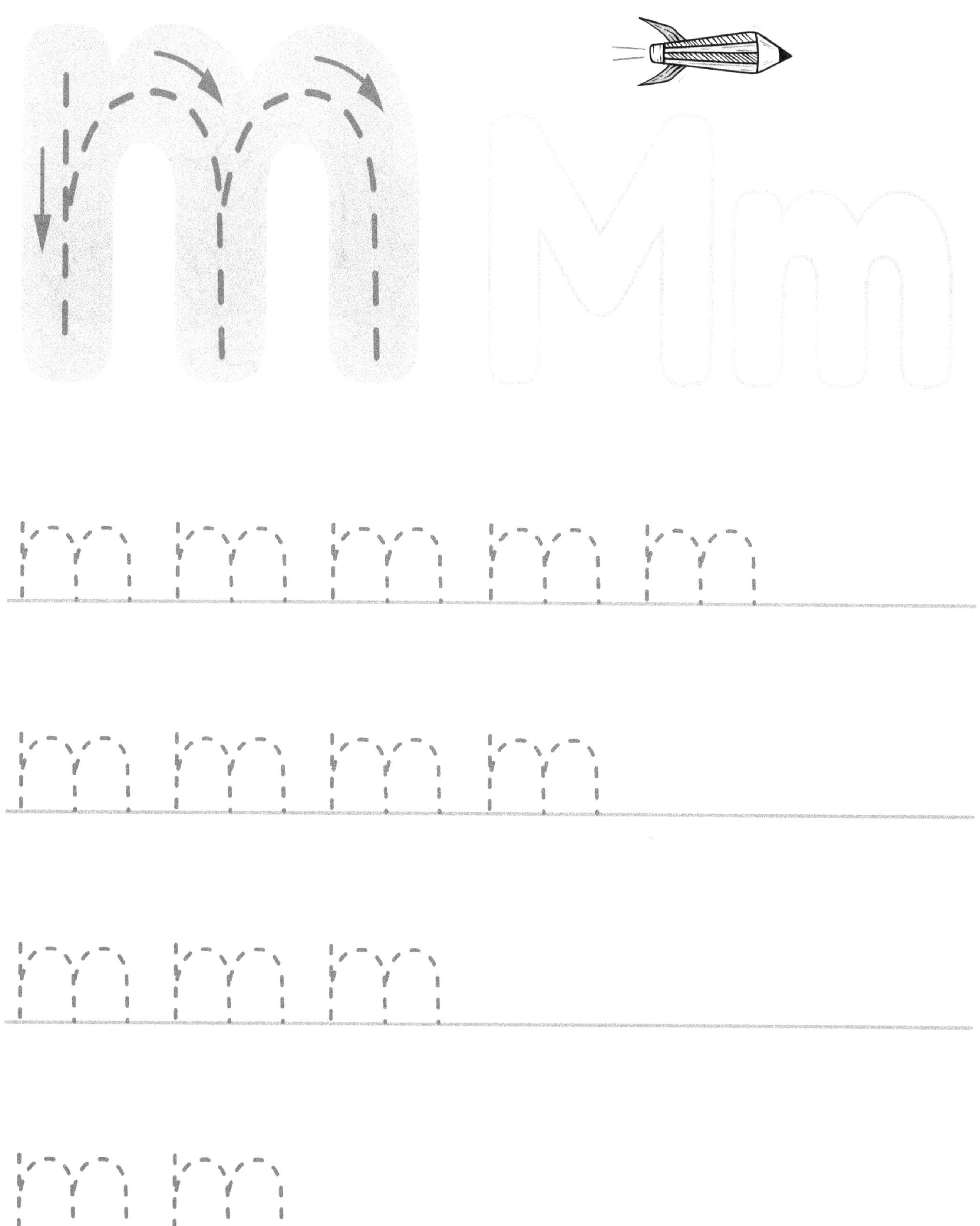

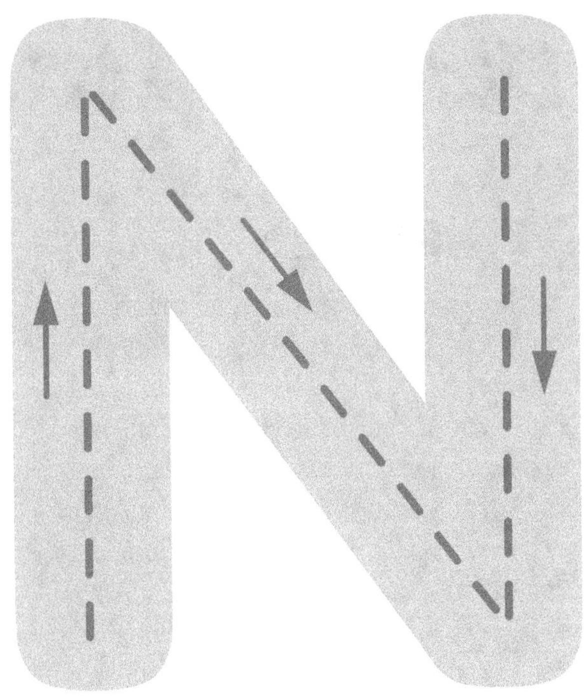

wie Nashorn

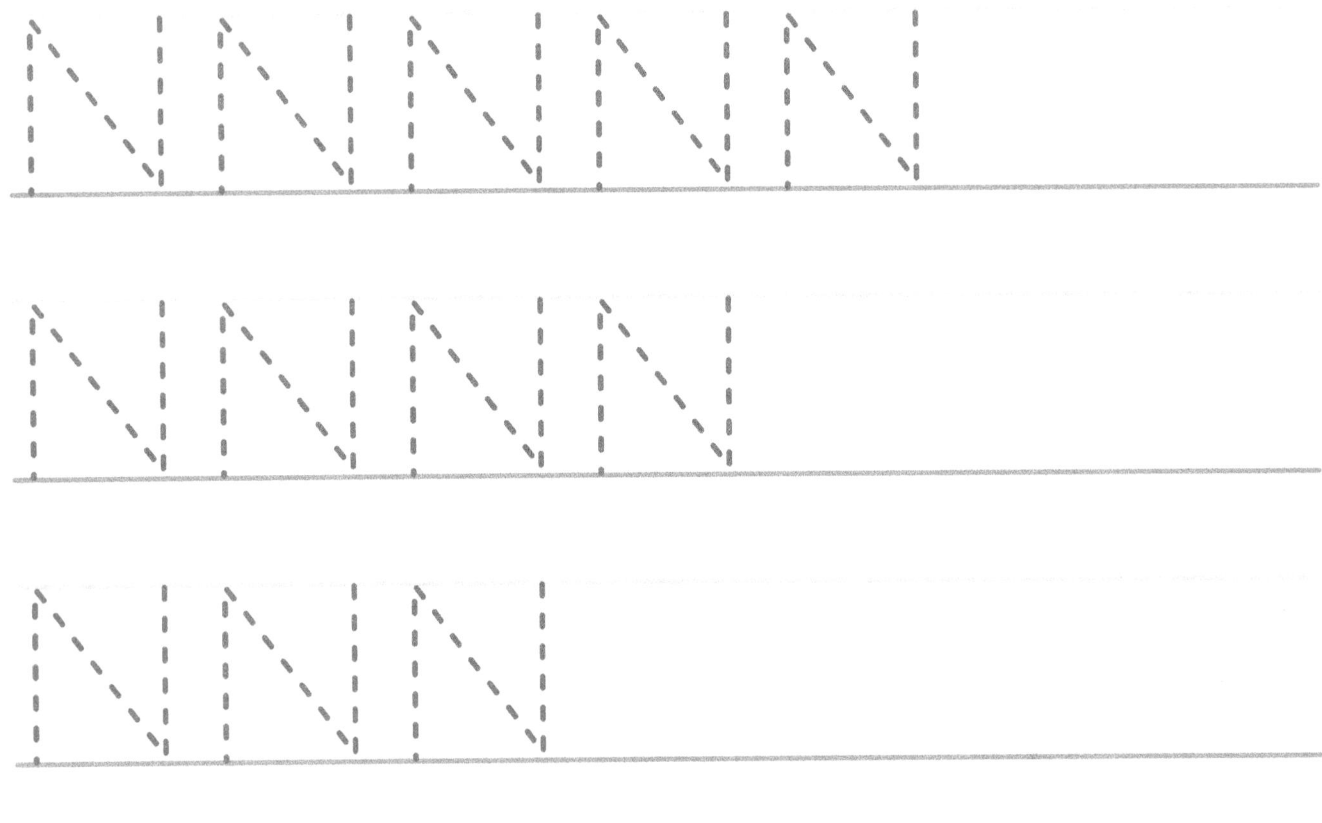

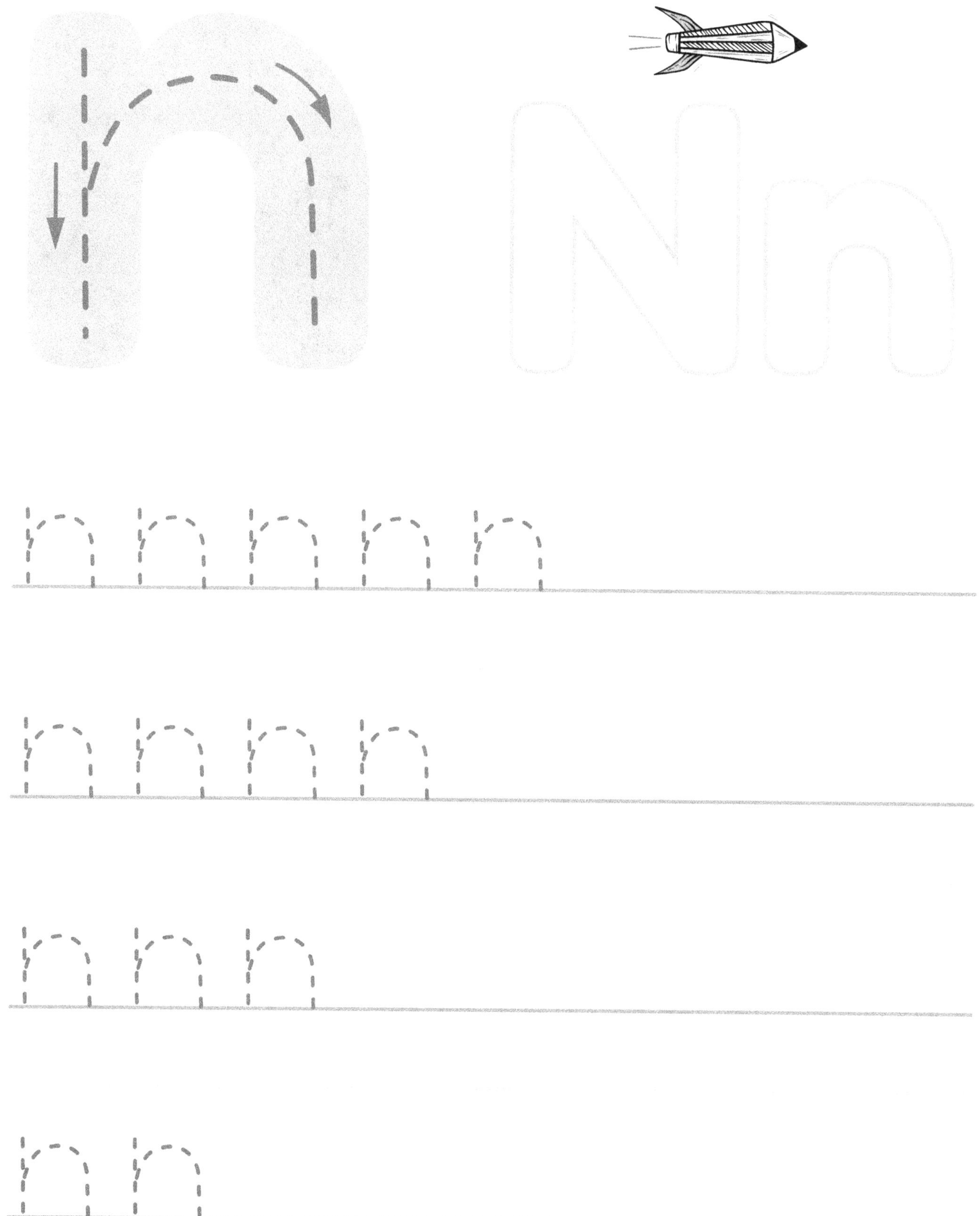

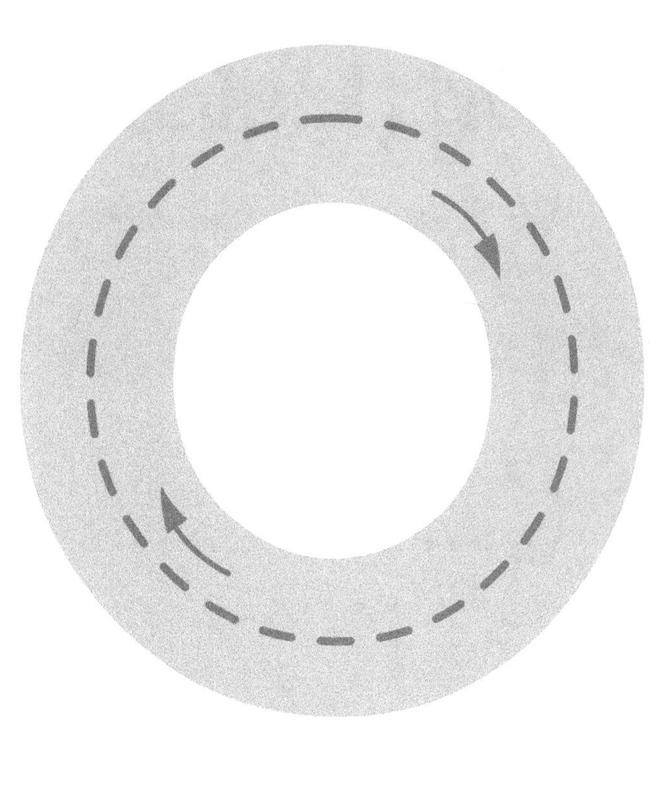

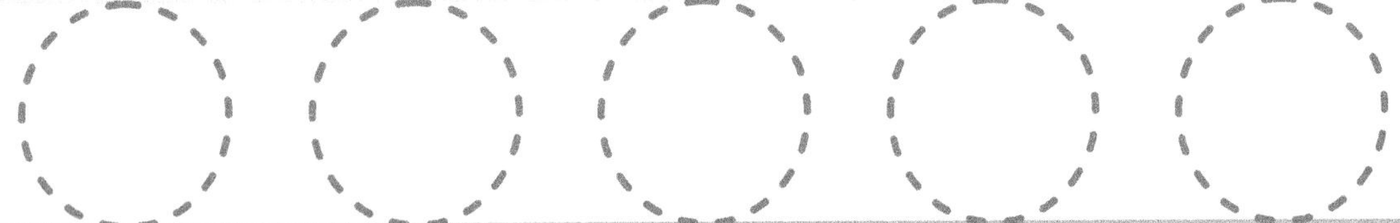

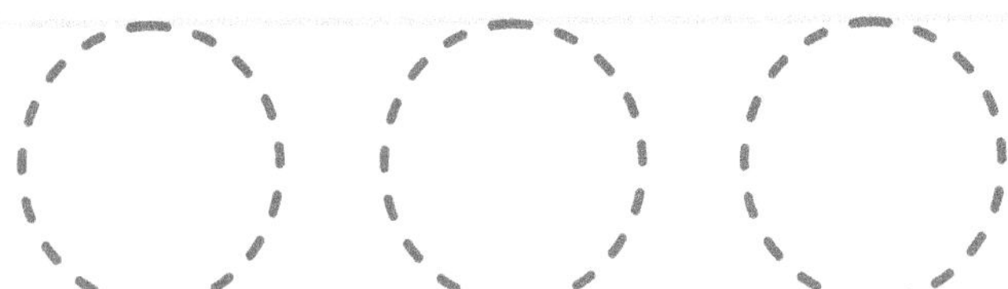

Das kleine o

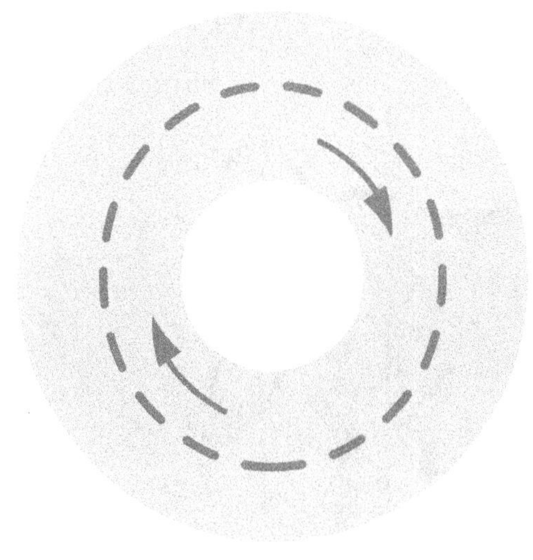

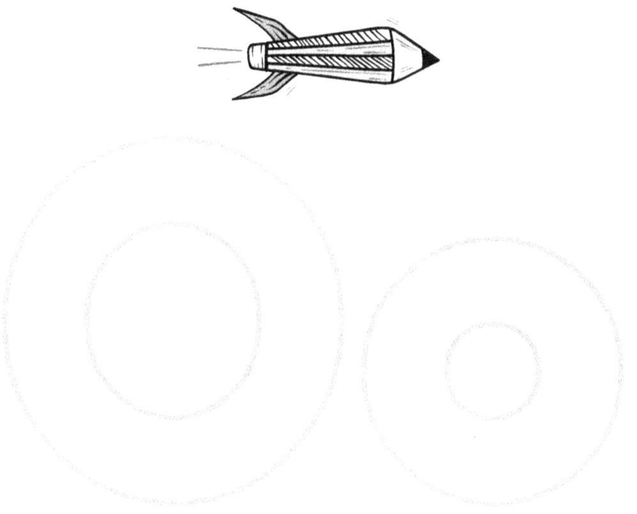

P

P P P P P

P P P P

P P P

P P

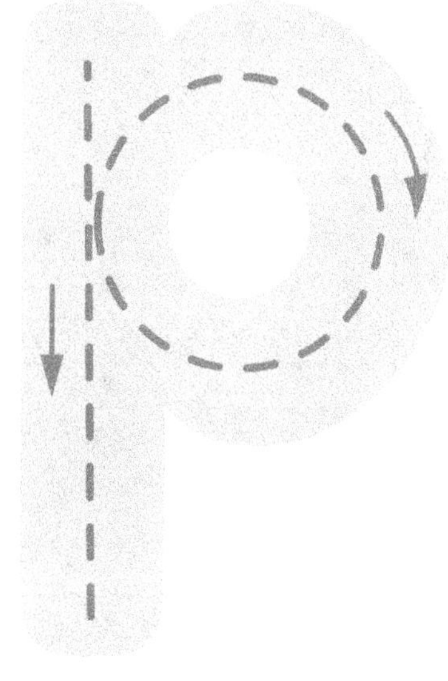

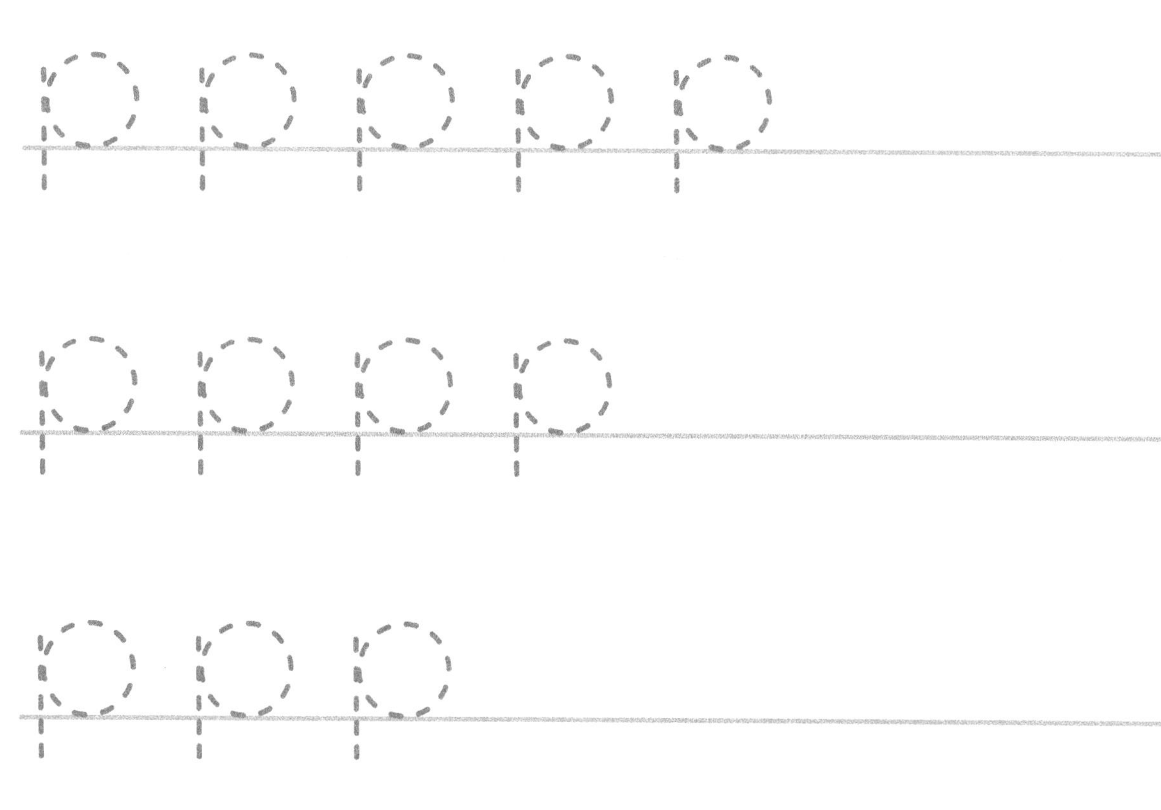

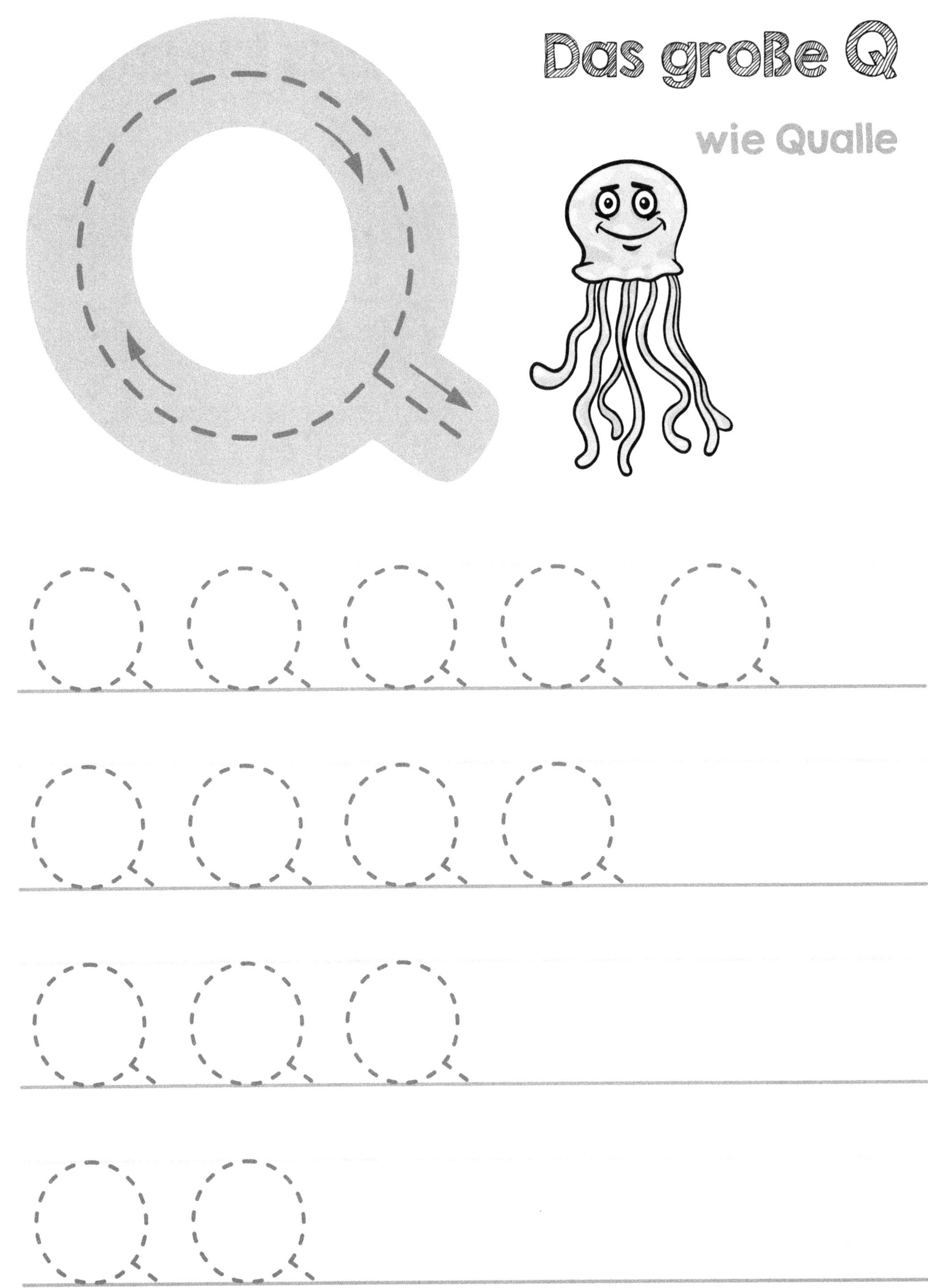

Das große Q
wie Qualle

Das kleine q

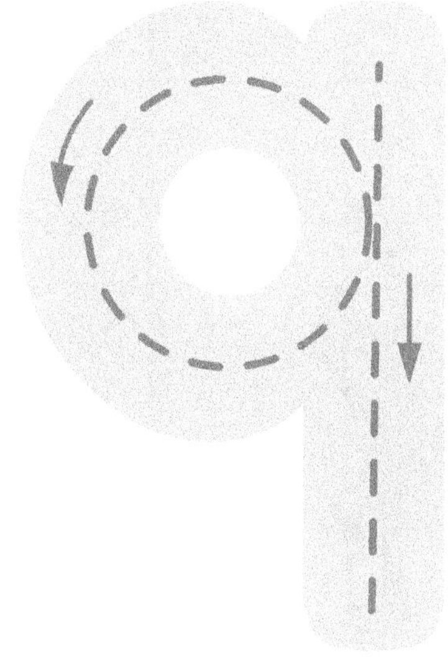

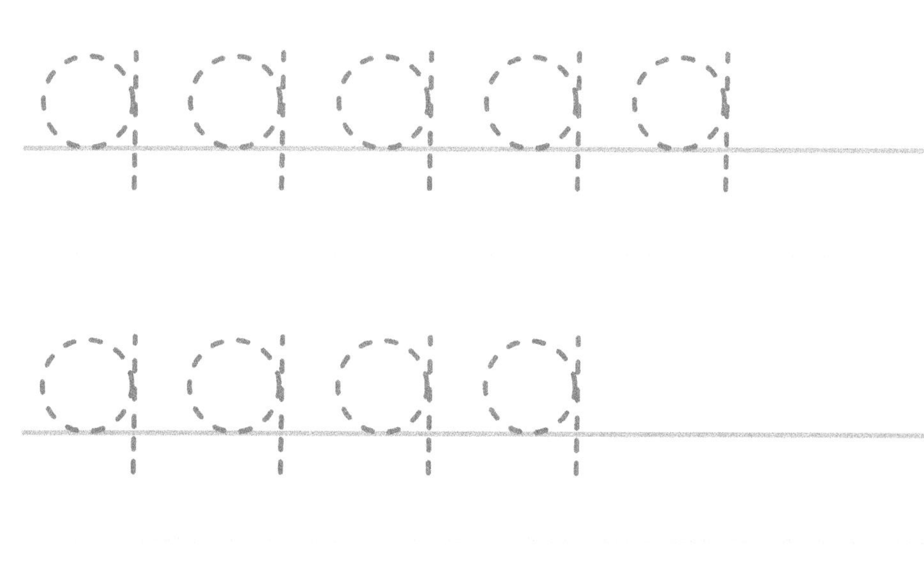

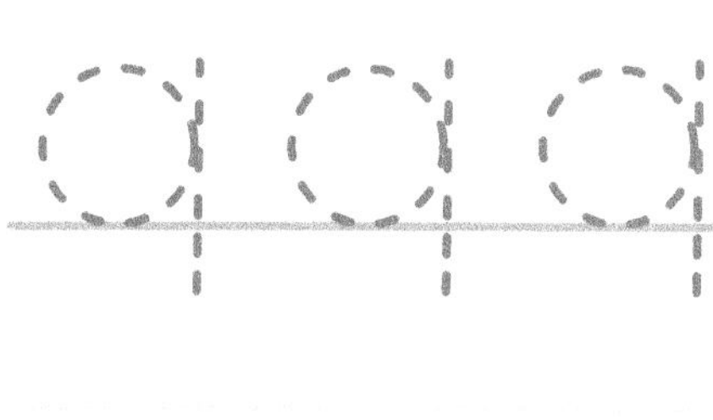

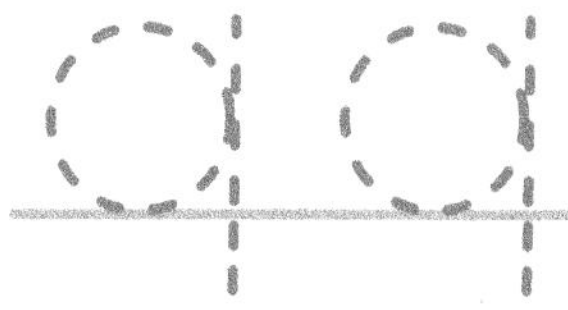

Das große R

wie Reh

Das kleine r

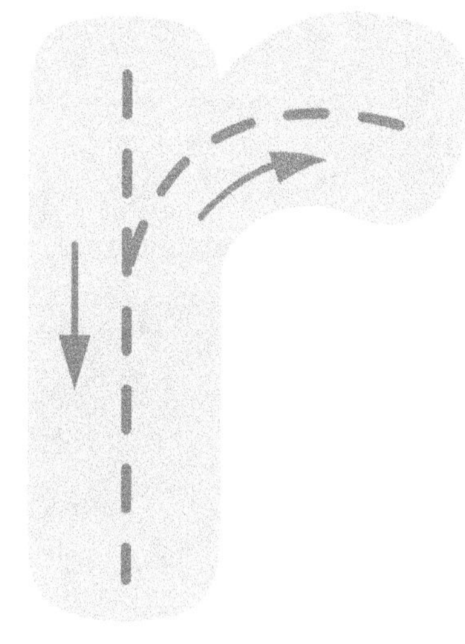

Rr

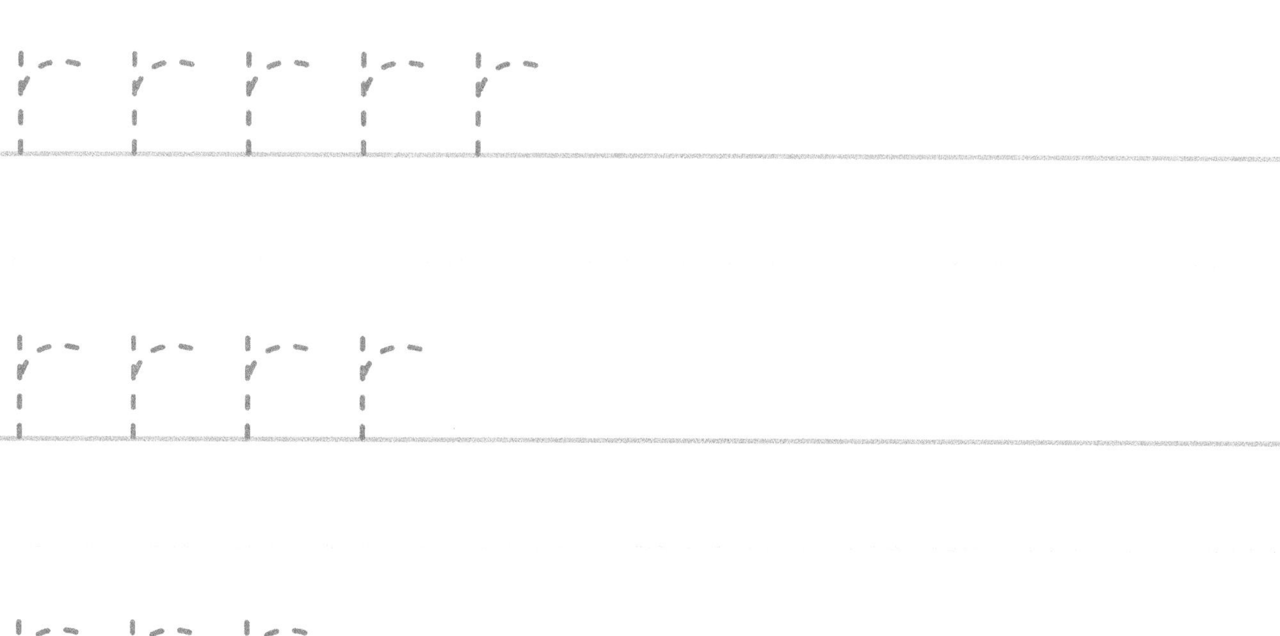

S S S S S

S S S S

S S S

S S

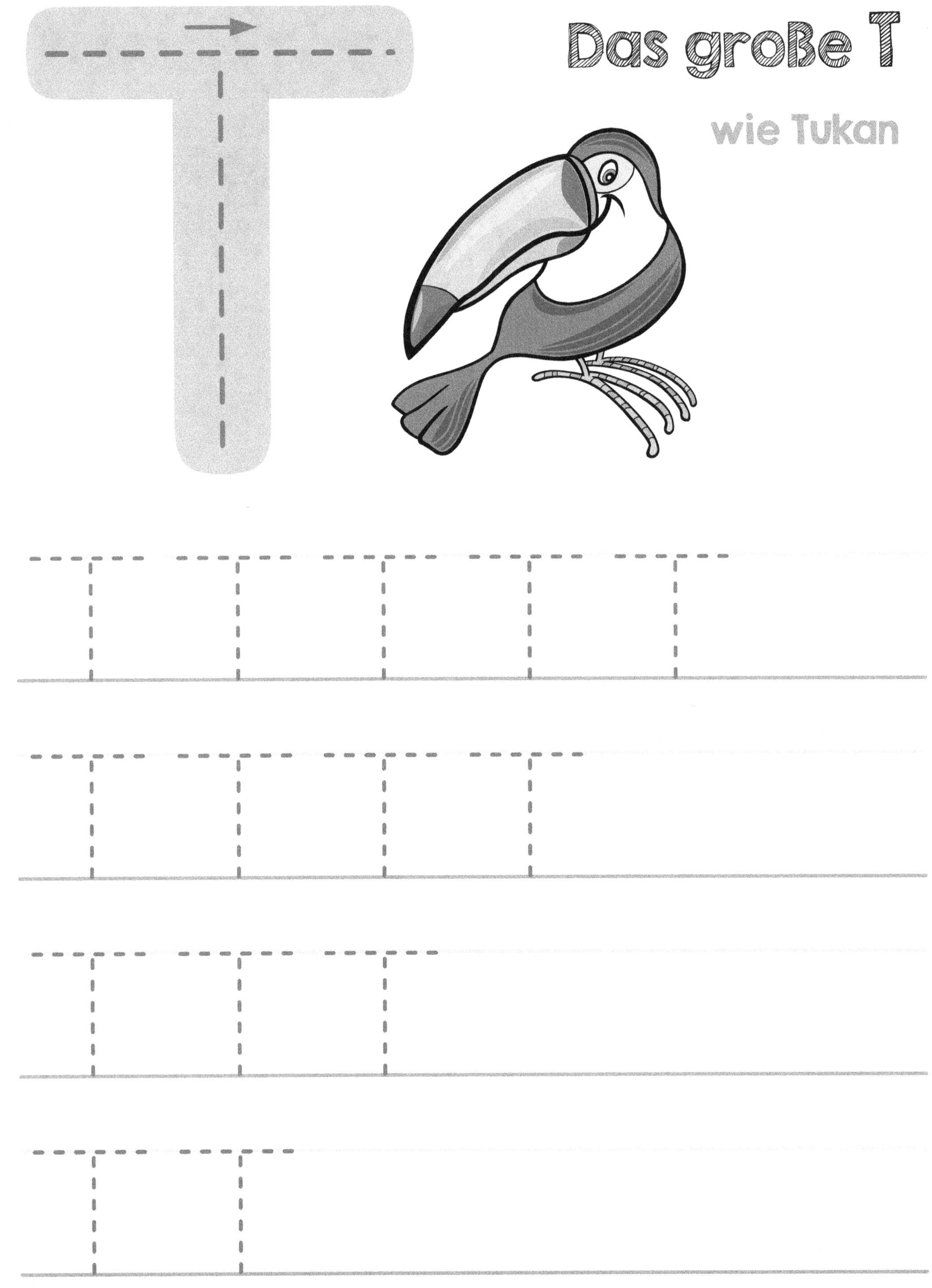

Das große T
wie Tukan

Das kleine t

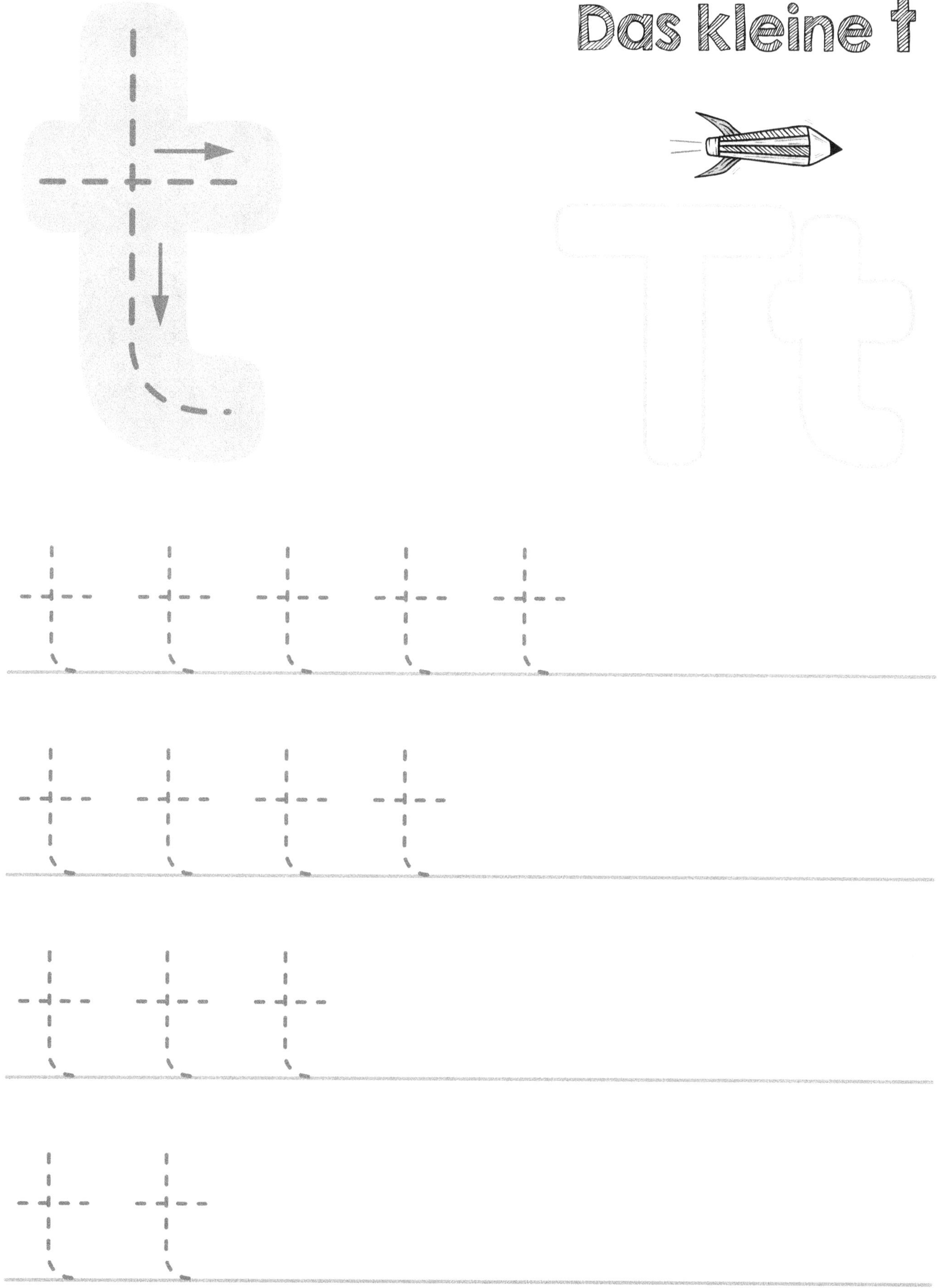

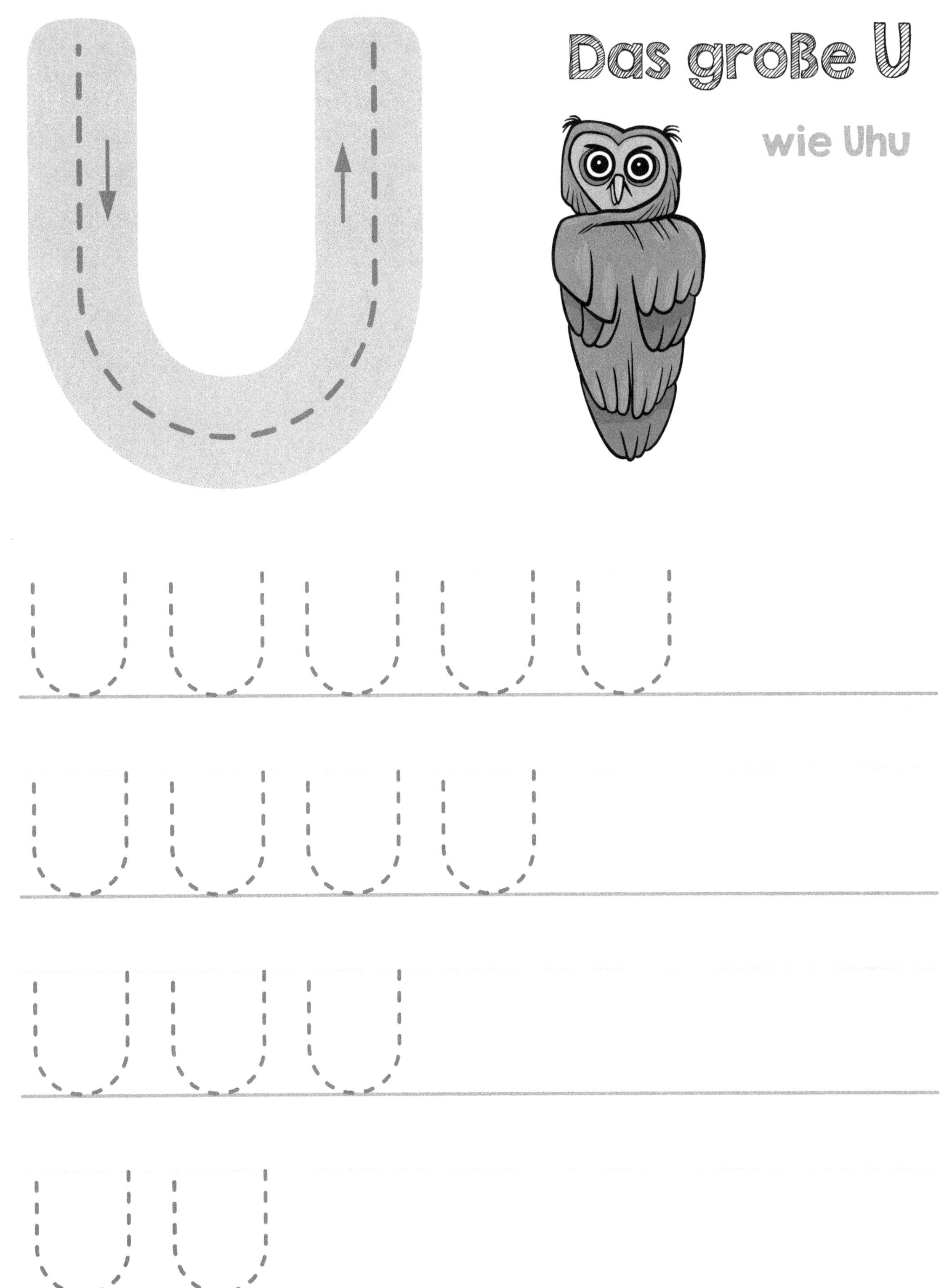

Das große U
wie Uhu

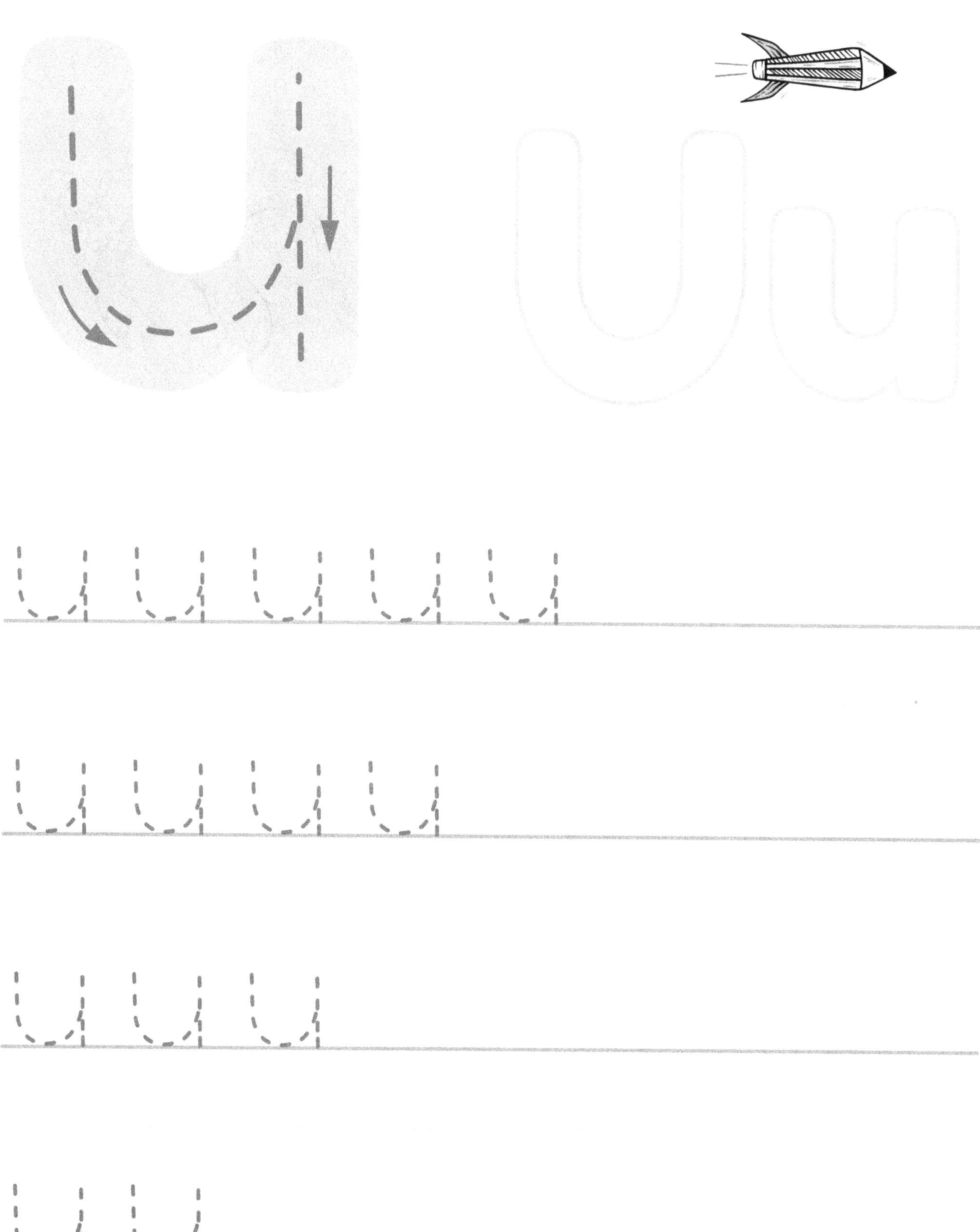

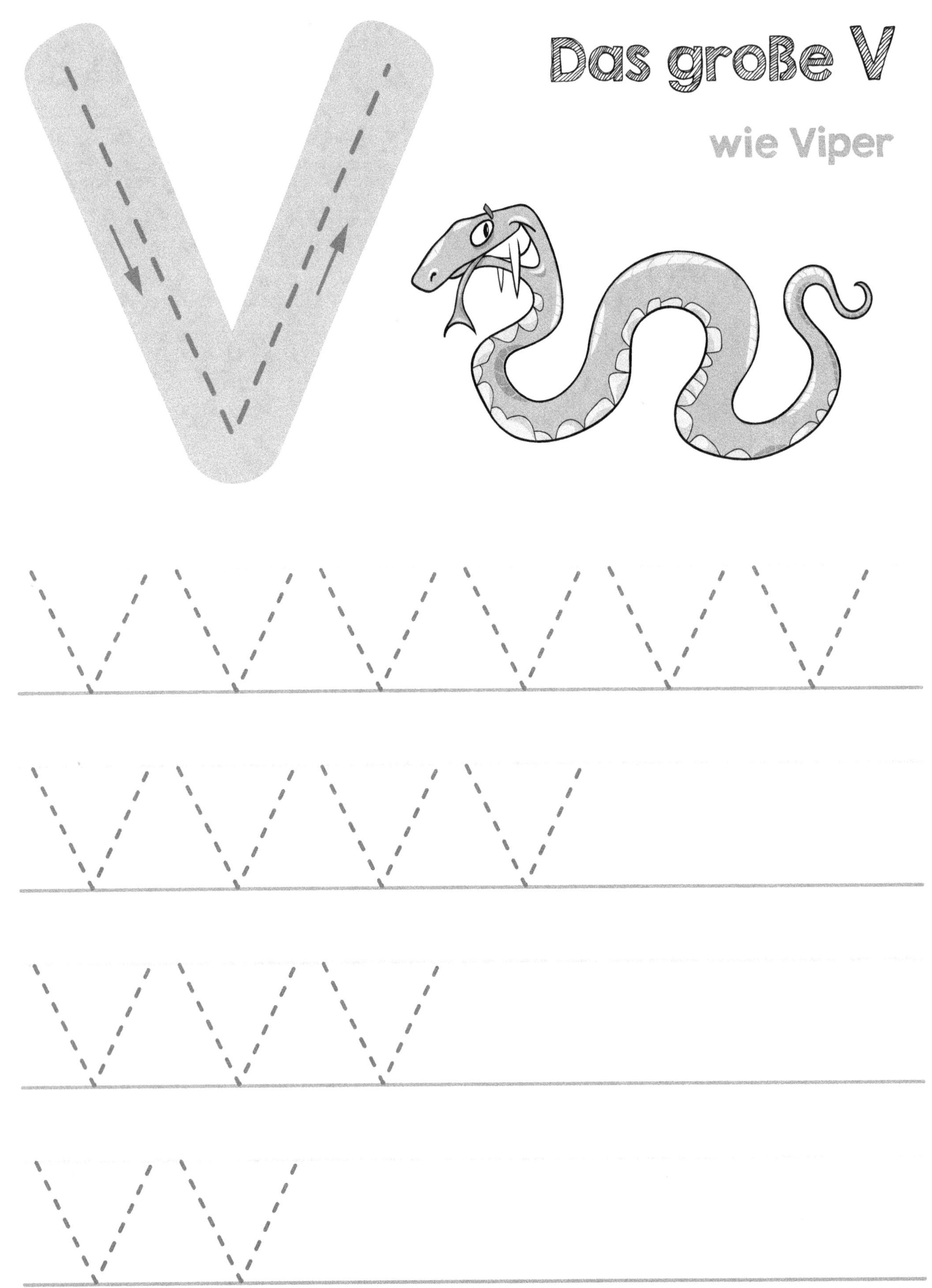

Das große V
wie Viper

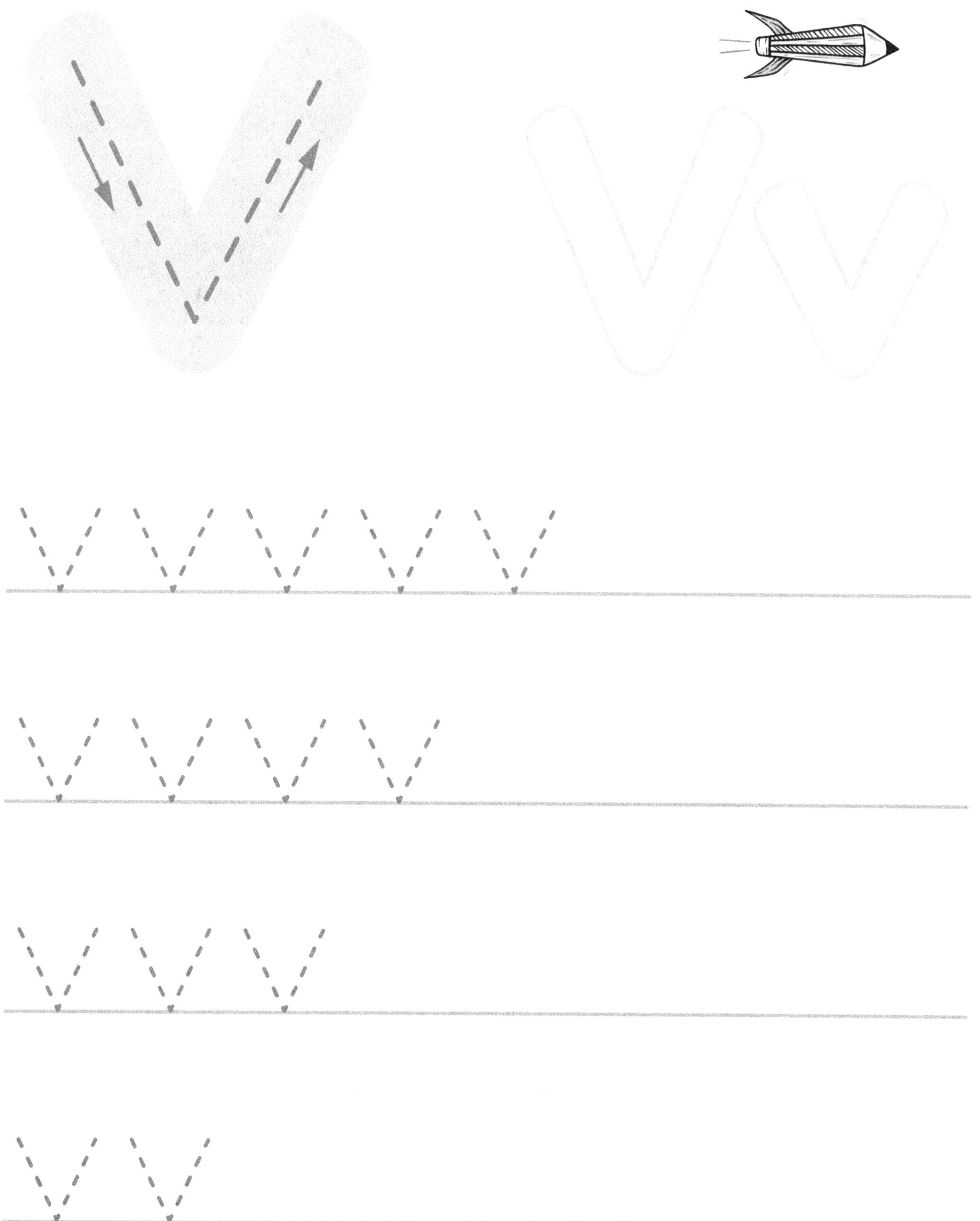

Das große W

wie Walross

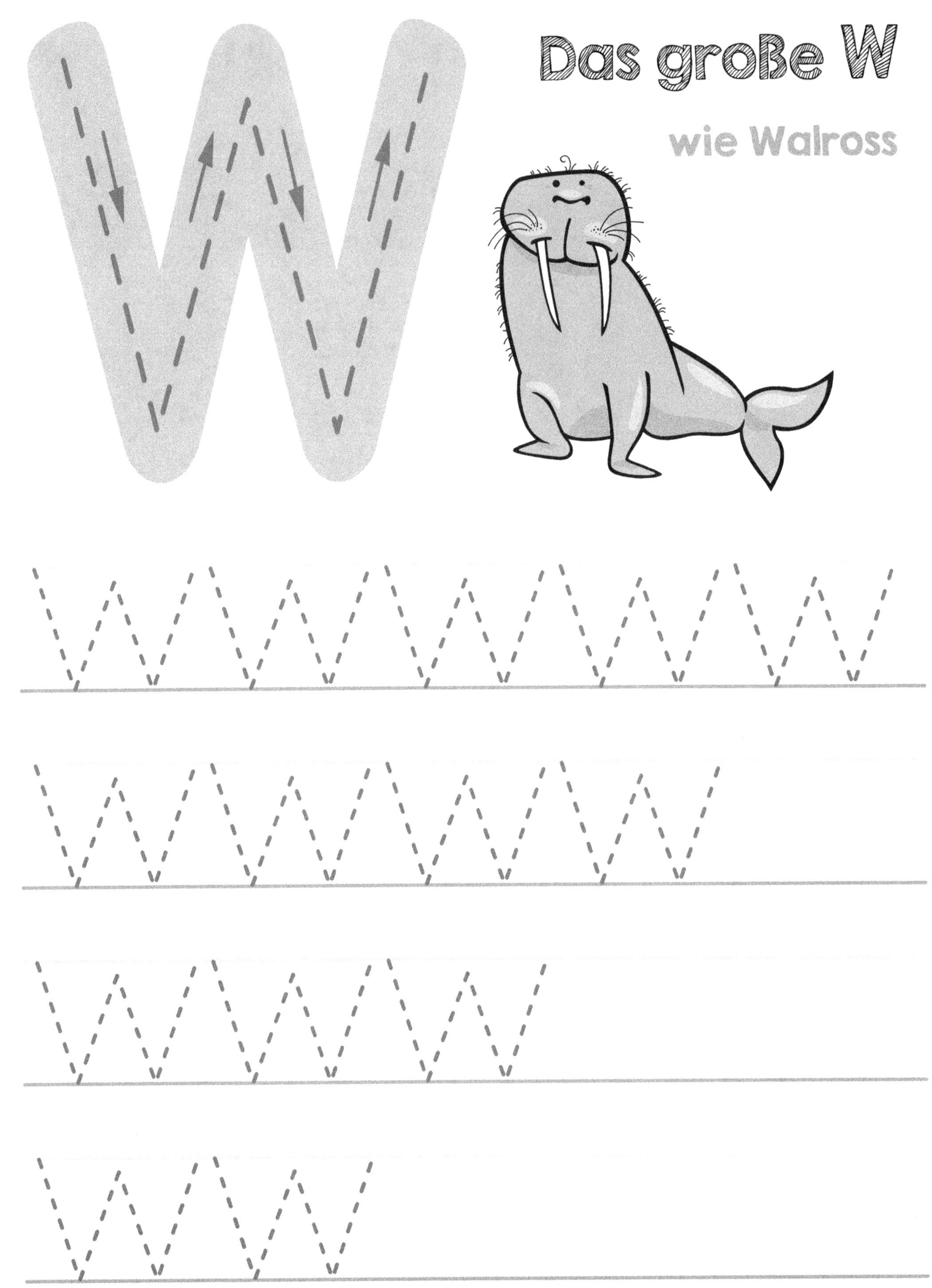

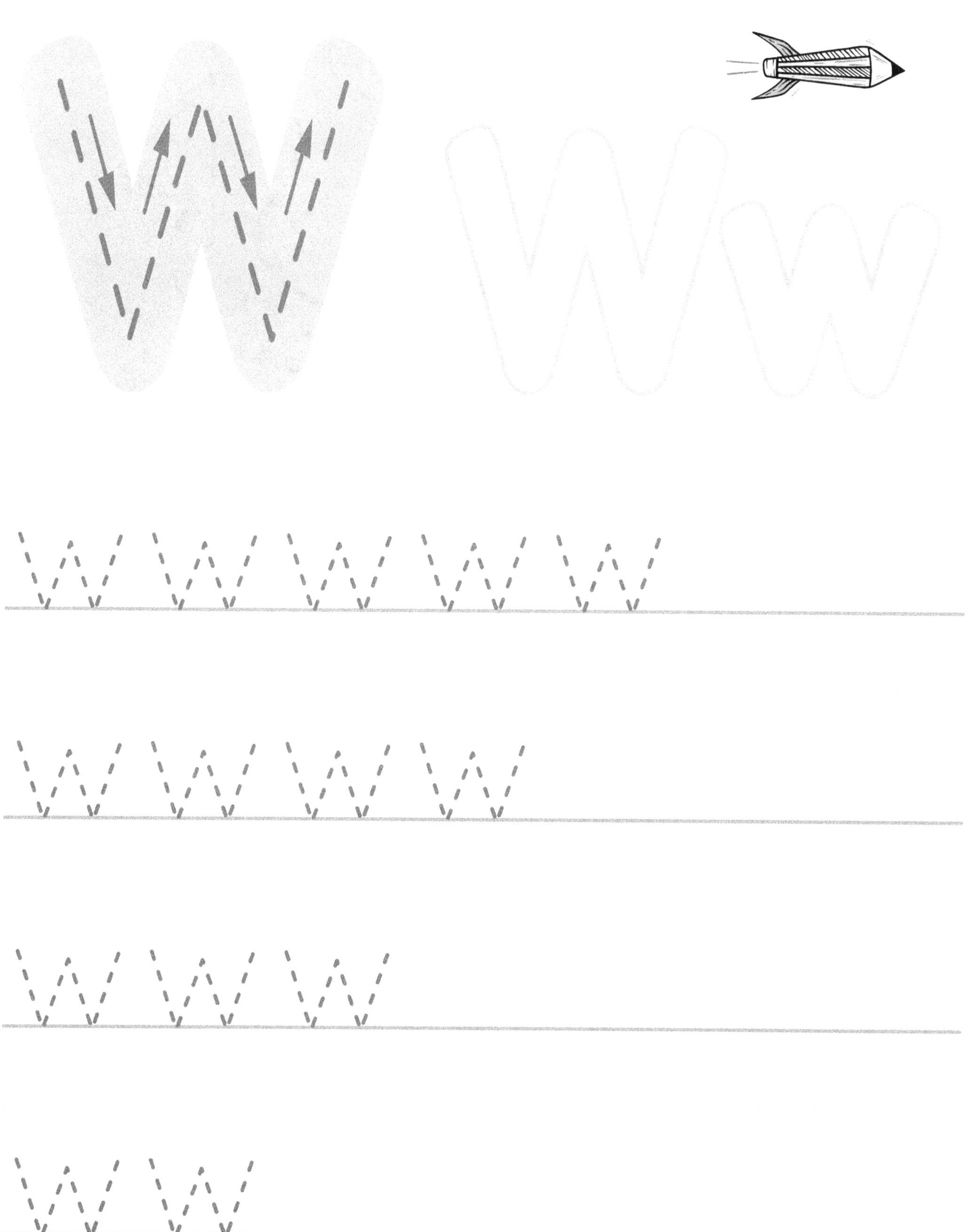

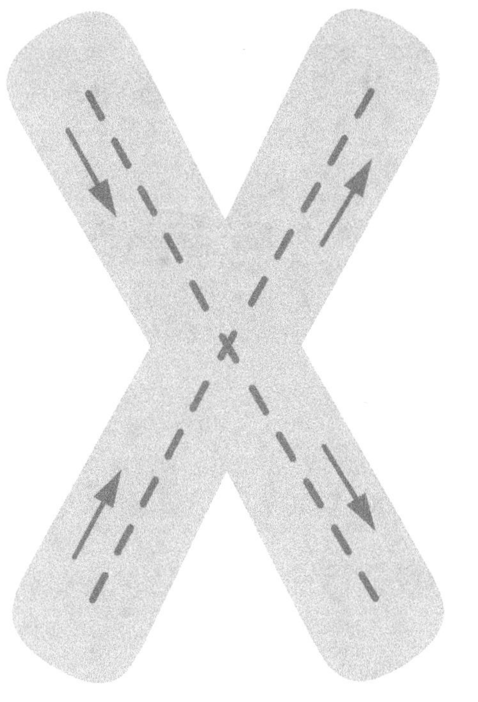

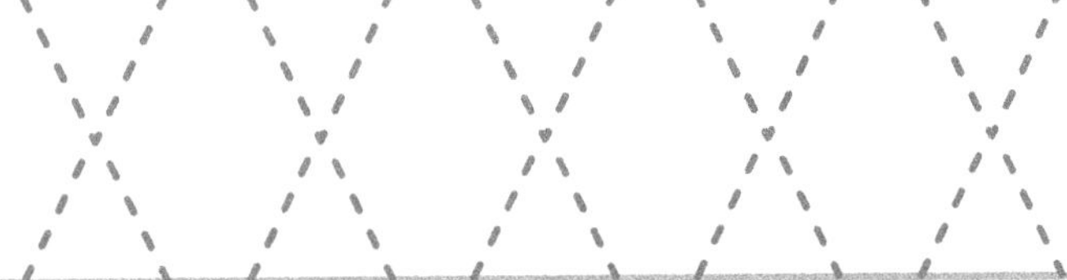

Das kleine X

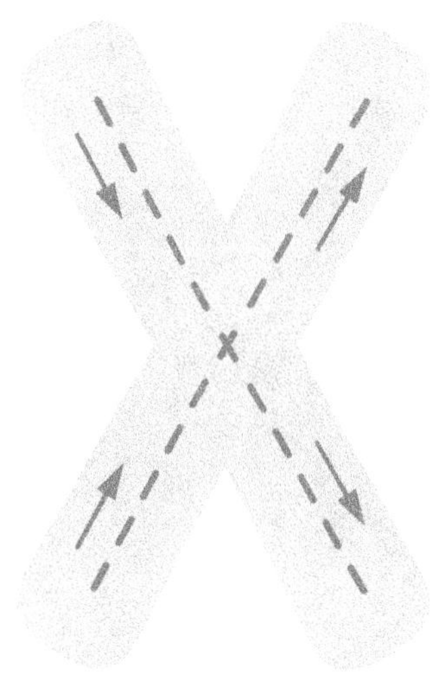

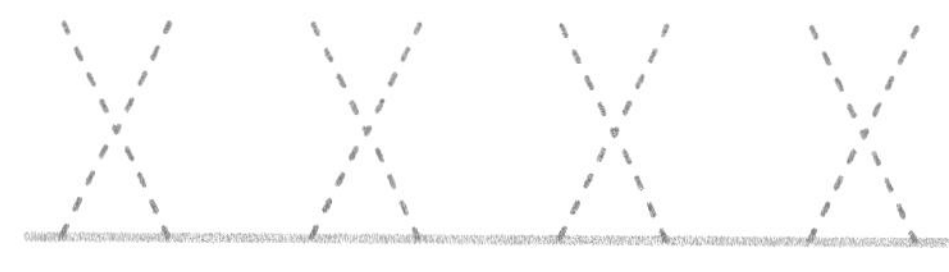

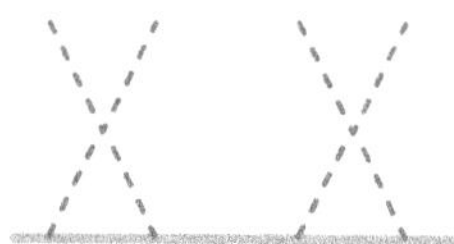

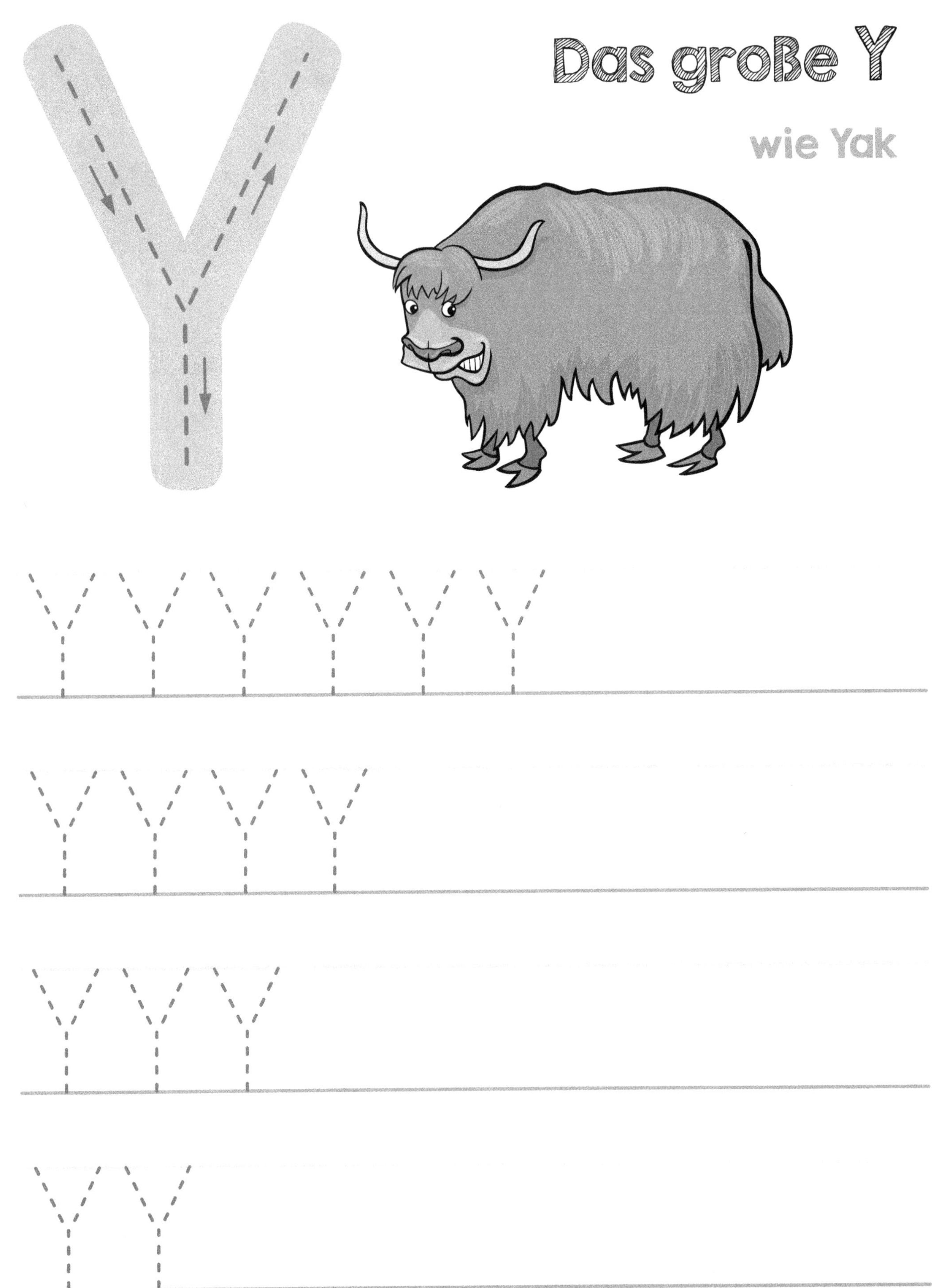

Das kleine y

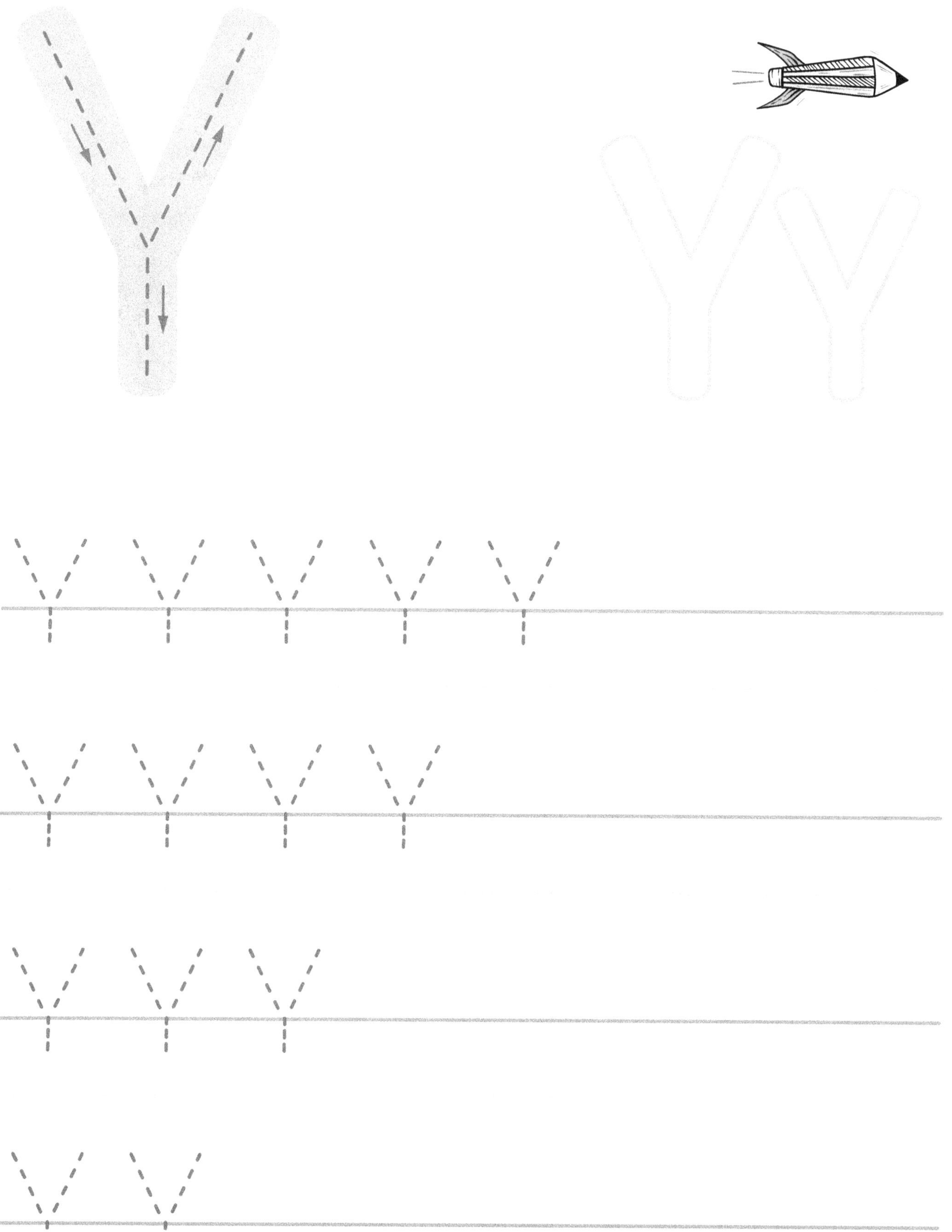

Das große Z
wie Ziege

1

2

3

4

5

6

7

8

9

Finde die Nummer

Finde die Nummer

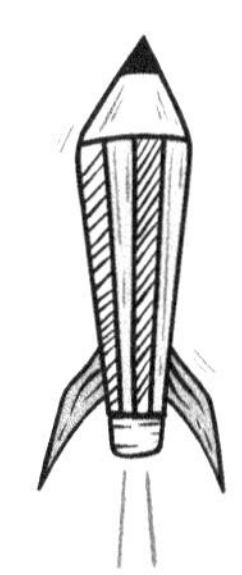

Finde die Nummer

Male alle Felder aus,
in denen du eine 3 entdeckst.

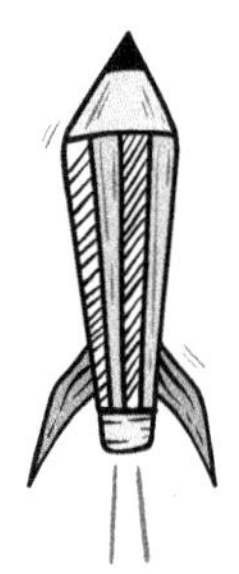

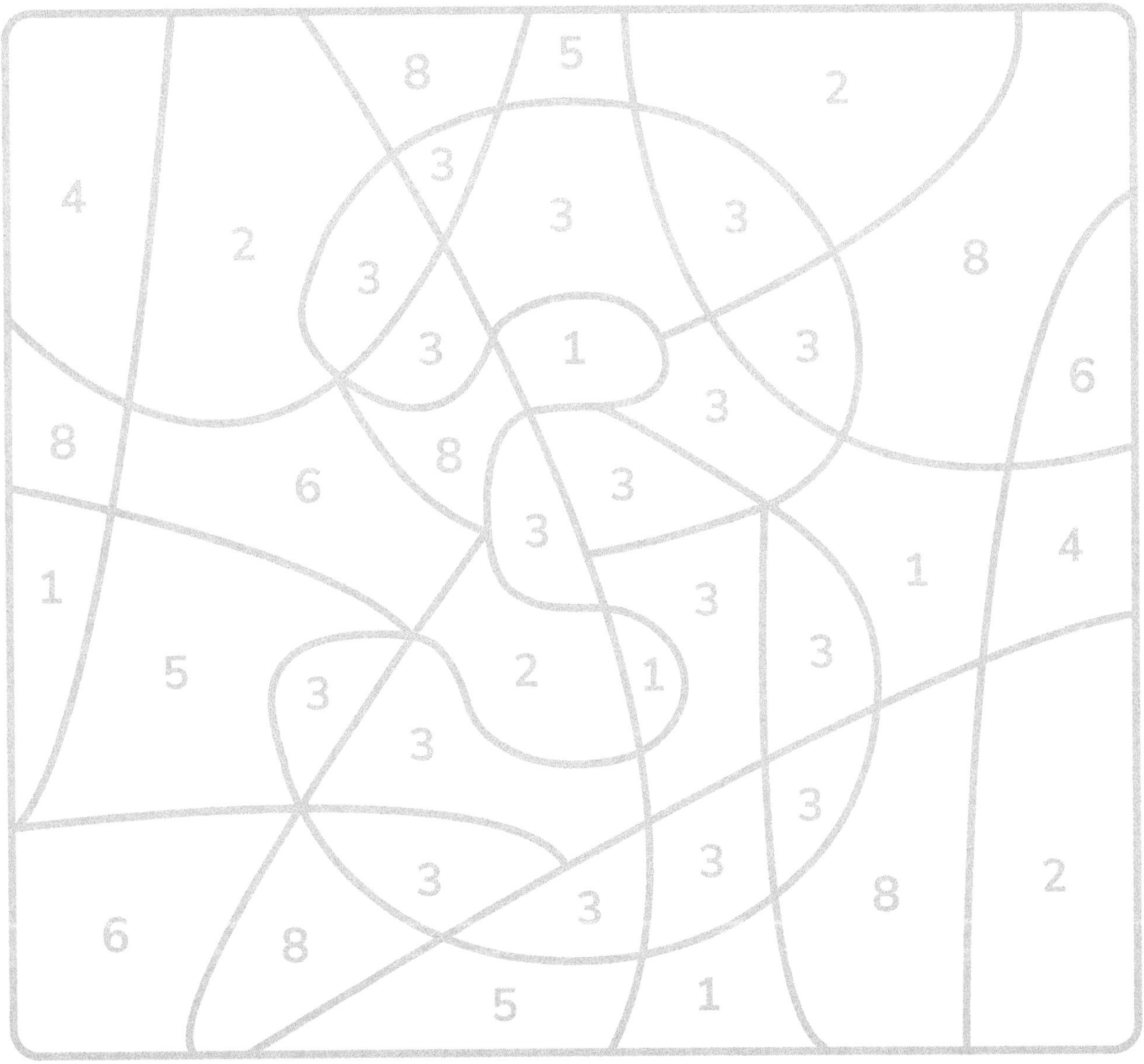

Finde die Nummer

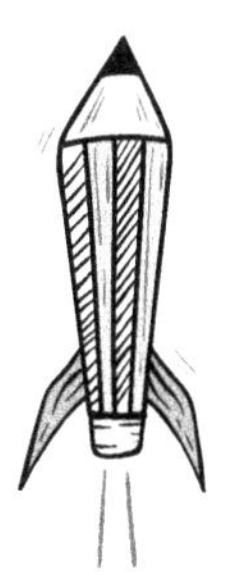

Finde die Nummer

Male alle Felder aus,
in denen du eine 5 entdeckst.

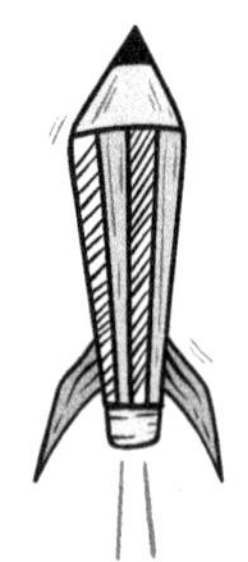

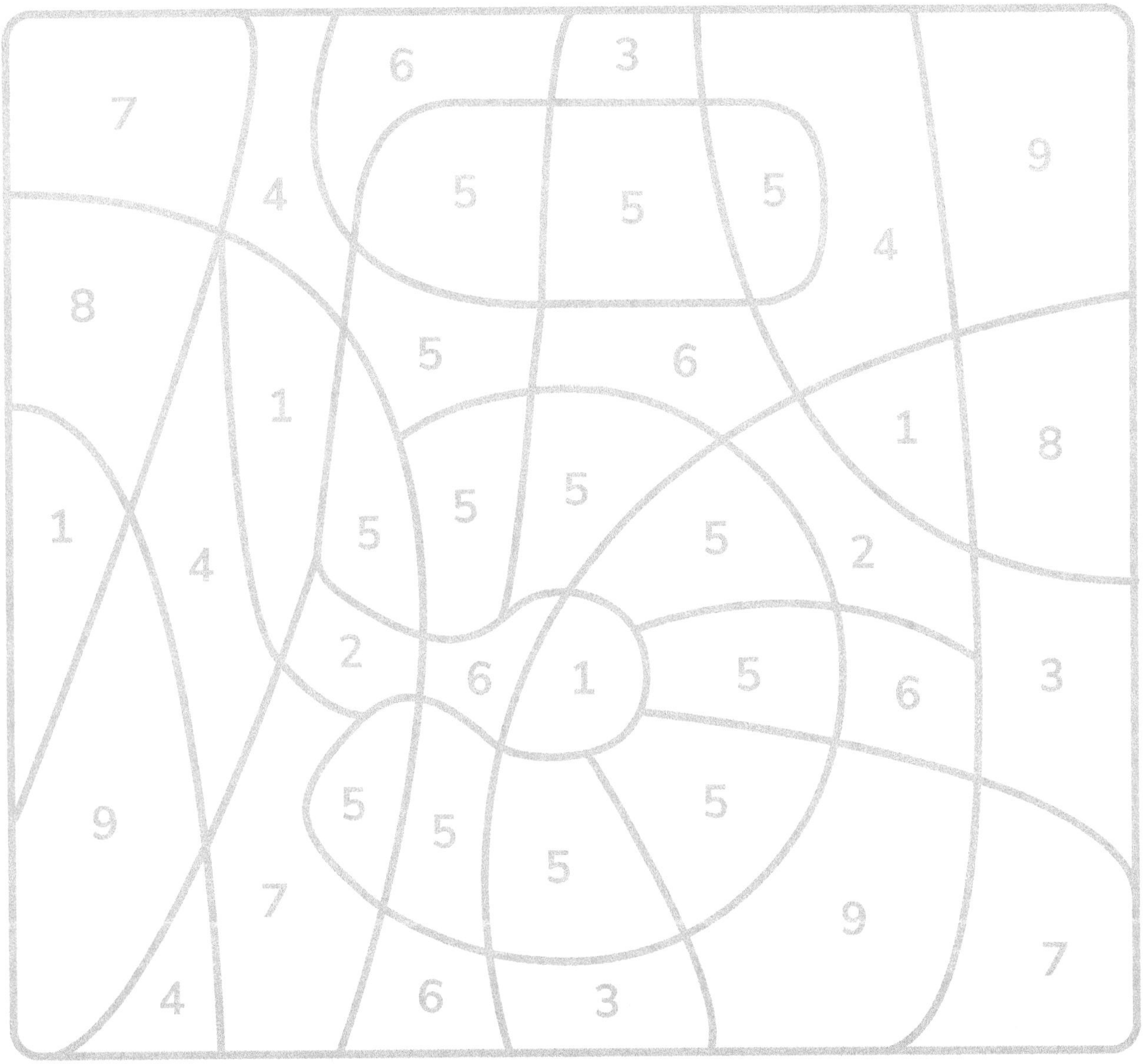

Finde die Nummer

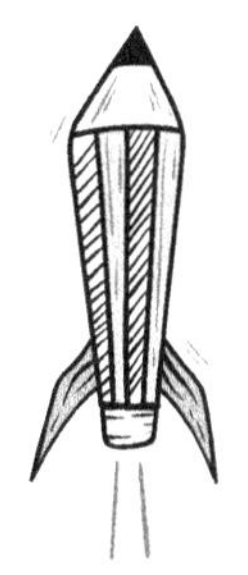

Finde die Nummer

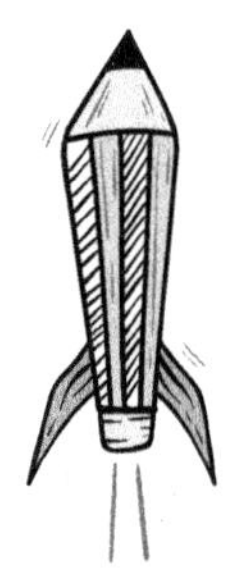

**Male alle Felder aus,
in denen du eine 7 entdeckst.**

Finde die Nummer

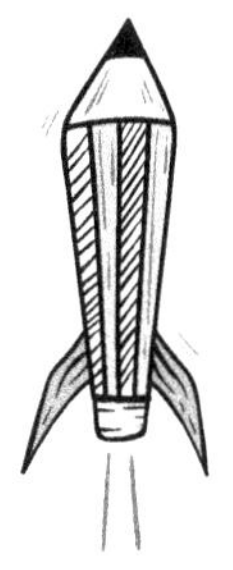

Male alle Felder aus,
in denen du eine 8 entdeckst.

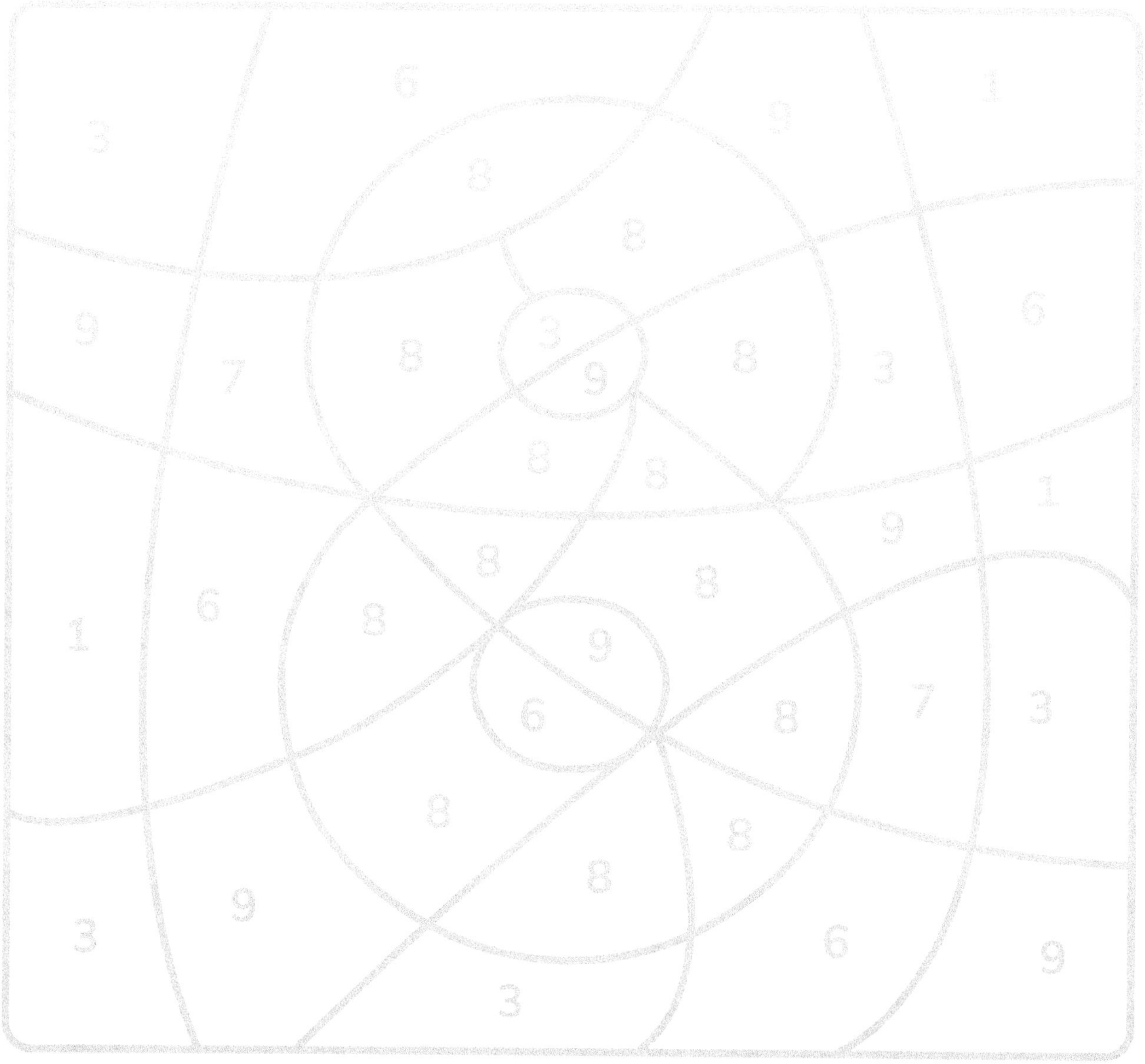

Finde die Nummer

Male alle Felder aus,
in denen du eine 9 entdeckst.

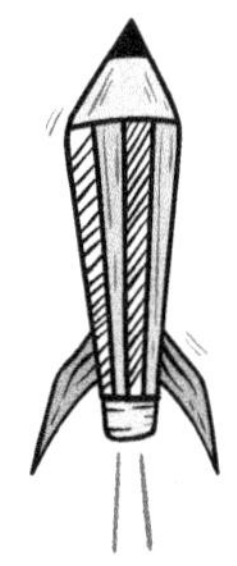

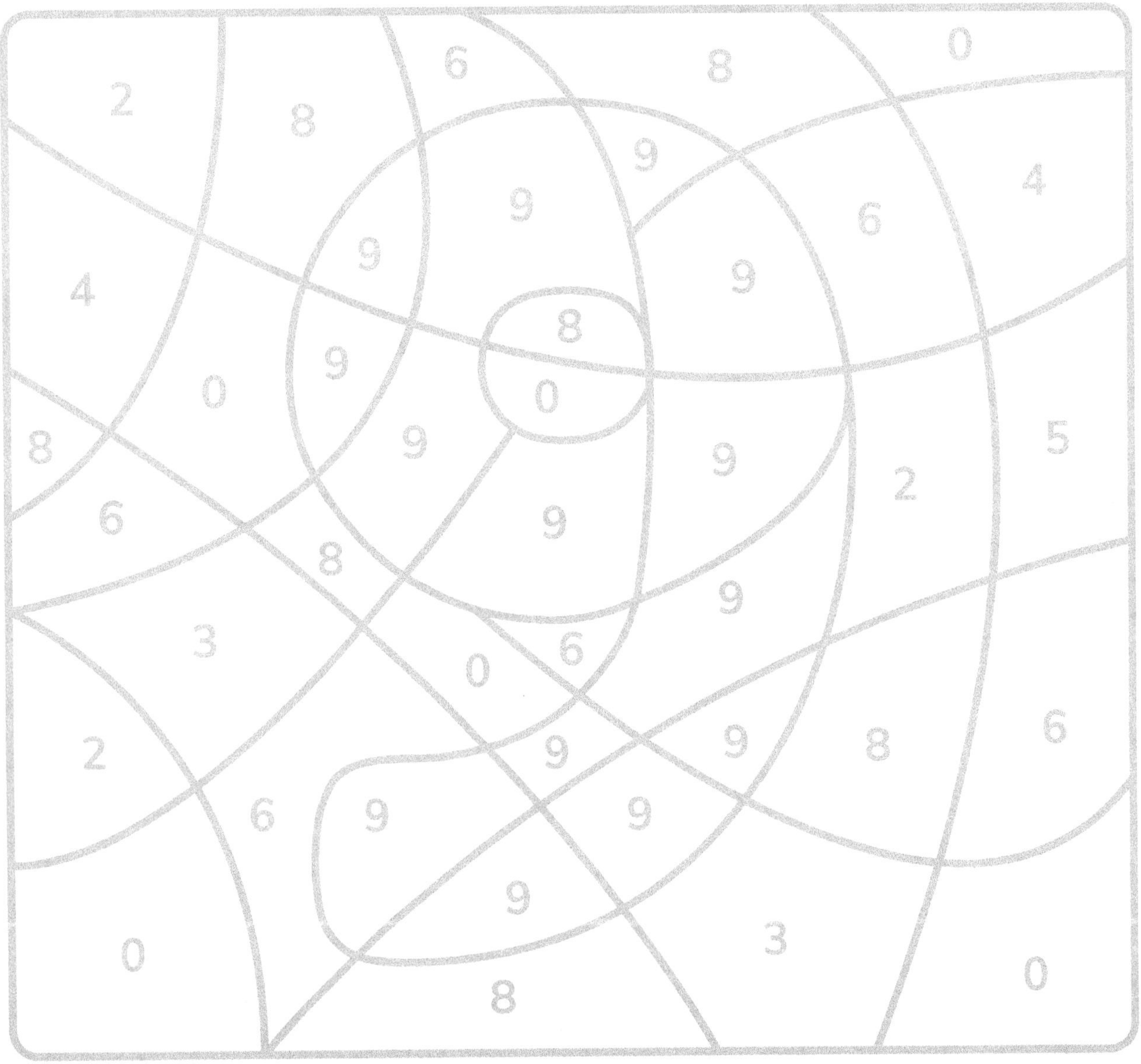

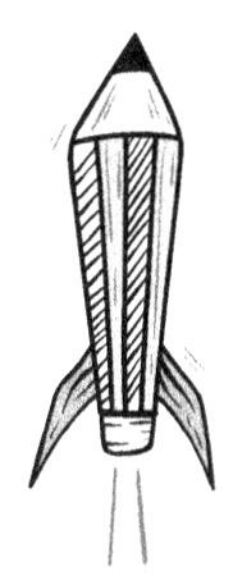

Finde die Nummer

Male alle Felder aus,
in denen du eine 0 entdeckst.

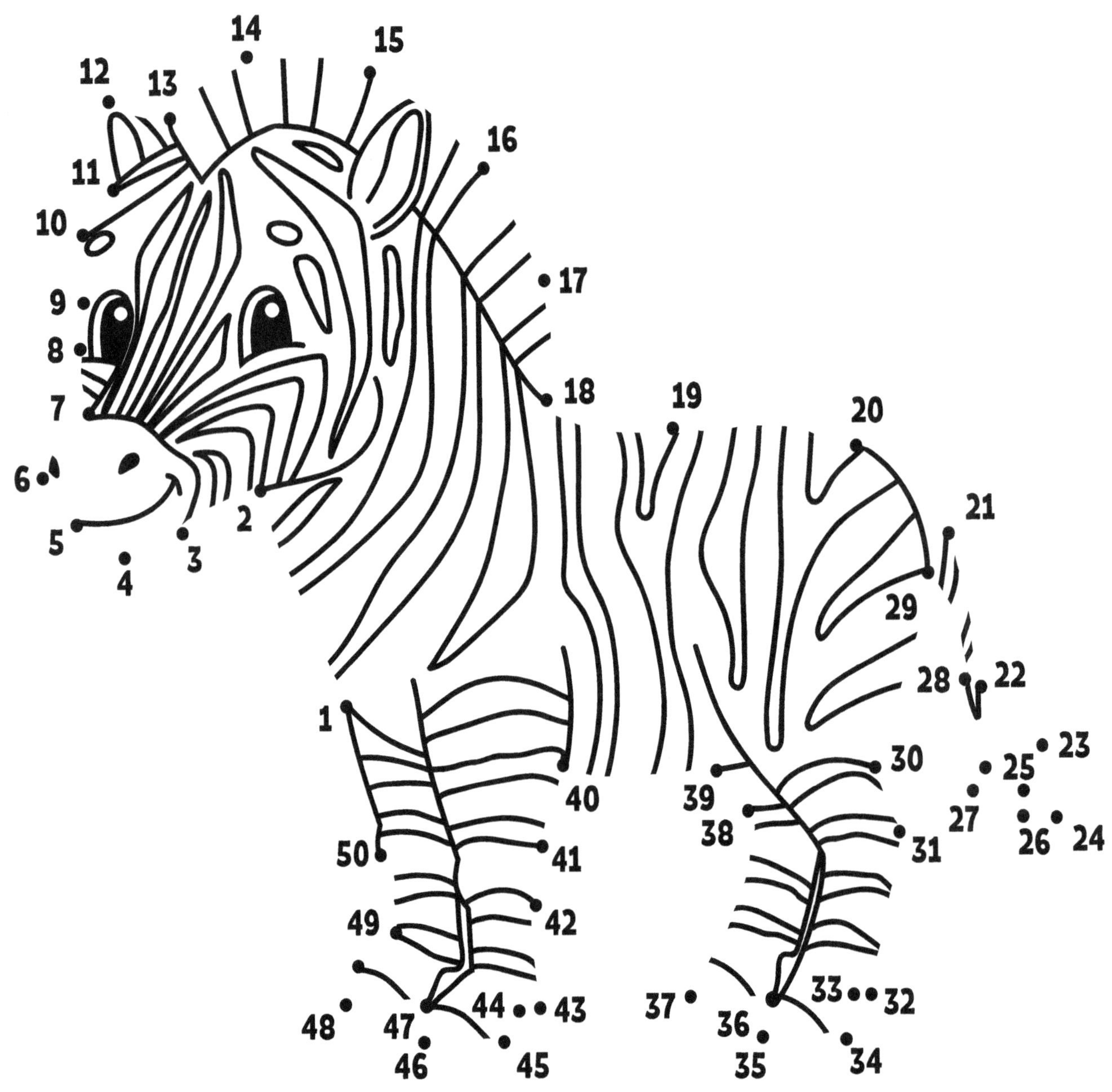

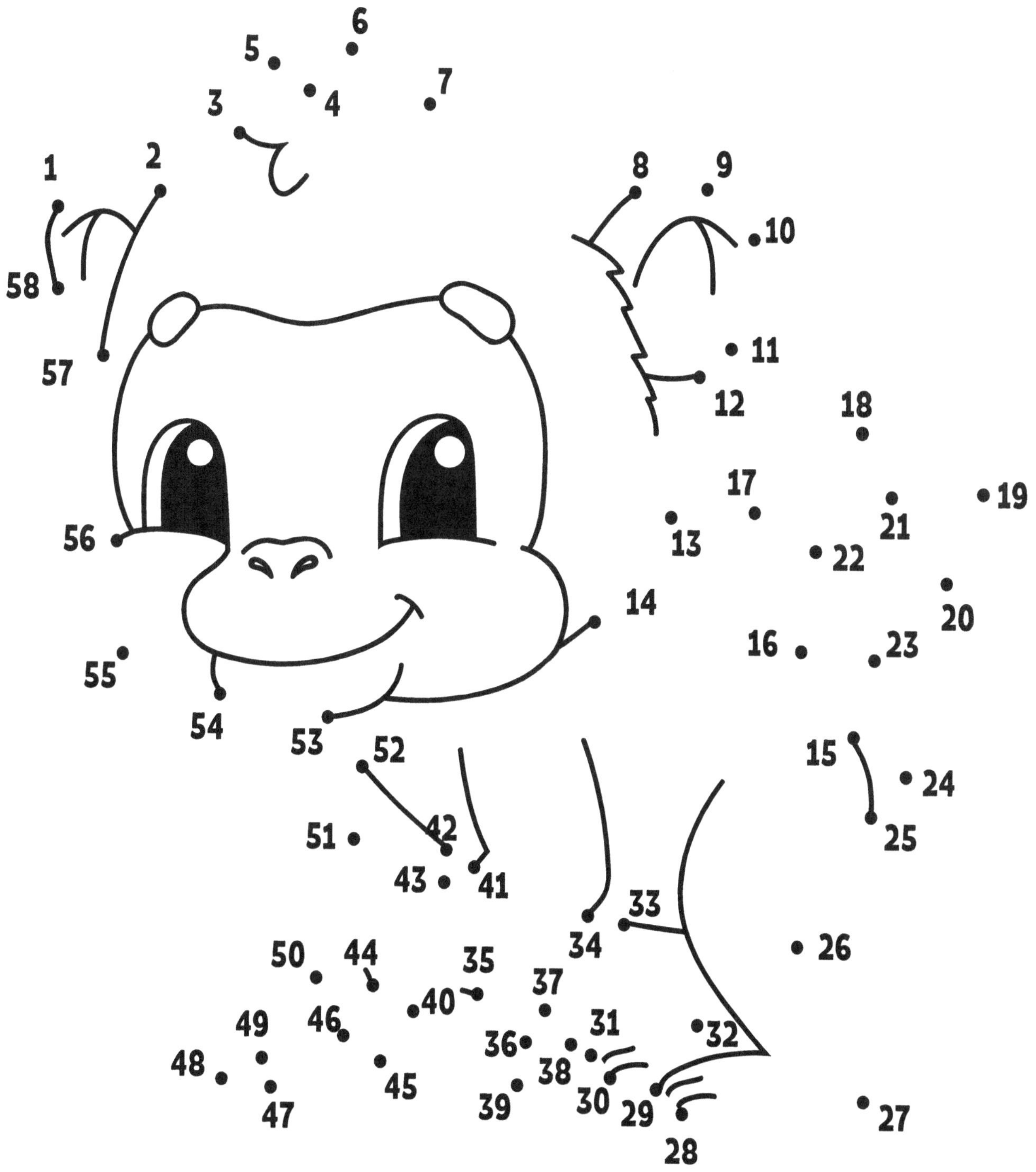

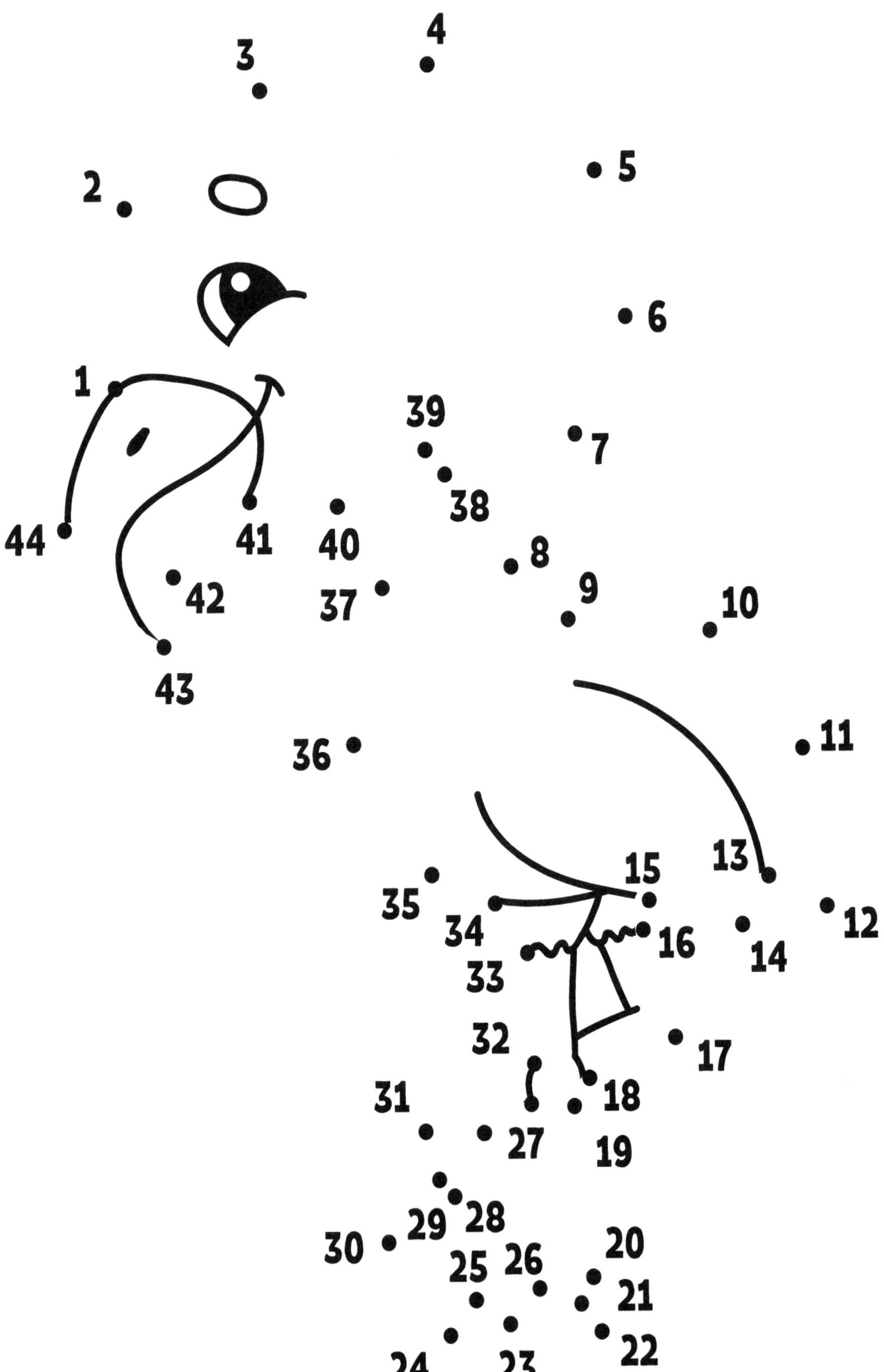

A	M	G	N	Q	S	R	V	E	V	X	W	J	T
Y	G	E	S	U	N	D	V	H	P	H	H	K	W
P	A	R	W	H	D	D	W	H	V	O	R	R	N
I	V	O	G	E	L	O	U	E	G	H	B	B	B
V	U	F	B	N	X	M	U	M	M	V	N	B	S
M	B	L	Ü	T	E	N	G	E	Z	A	L	L	E
G	J	Q	M	L	X	H	J	I	H	N	C	L	A
W	V	L	N	X	L	G	K	N	L	Y	C	L	L
I	Y	S	D	K	Z	A	C	E	A	J	B	I	K
R	S	V	A	S	E	D	K	N	O	U	U	E	B
V	C	H	U	P	U	O	O	J	J	N	F	B	Q
N	B	J	U	E	V	A	P	E	A	G	N	E	F
E	H	P	K	L	E	I	N	L	T	E	B	N	T
U	X	E	O	I	C	K	B	J	G	T	W	E	R

Wortsuchrätsel 'I' (leicht)

1. ALLE
2. VOGEL
3. LIEBEN
4. GESUND
5. BLÜTE
6. NEU
7. JUNGE
8. WIR
9. EINEN
10. VOR
11. VASE
12. KLEIN

D	R	A	B	E	X	W	G	S	G	O	S	K	Q
C	Q	B	B	K	X	H	U	C	R	I	G	L	S
B	W	Q	O	M	E	A	Z	H	Z	R	R	O	T
A	W	Q	W	K	X	U	Y	E	Y	X	O	U	A
C	H	L	W	M	W	S	A	I	X	E	Y	K	E
K	W	M	A	I	Q	B	U	N	P	O	V	R	M
E	L	H	R	D	Q	S	I	E	W	N	H	A	O
N	G	R	D	O	C	H	C	N	O	K	D	N	T
F	D	X	W	K	A	P	G	X	A	E	O	K	S
P	V	G	W	K	F	O	O	W	M	L	Q	B	I
T	G	M	Ä	D	C	H	E	N	Z	J	Z	Q	O
O	R	V	Q	U	X	L	H	A	L	Y	N	U	N
E	F	X	U	C	R	Y	W	W	P	M	G	J	O
G	I	P	S	U	C	H	E	N	U	H	K	Q	T

Wortsuchrätsel '2' (leicht)

1. HAUS
2. ROT
3. KRANK
4. NUN
5. RABE
6. BACKEN
7. DOCH
8. SCHEINEN
9. SUCHEN
10. MÄDCHEN
11. ONKEL
12. MAI

R	T	O	M	A	T	E	T	Y	C	E	N	T	U
Q	I	E	Q	O	T	T	J	M	O	V	S	D	V
M	O	R	D	A	U	G	E	I	R	I	N	G	W
E	Z	T	H	G	K	C	Q	I	J	E	V	U	X
G	H	I	M	M	E	L	S	R	T	I	E	R	E
C	N	Y	I	F	S	O	V	L	B	U	H	K	K
K	W	V	C	X	Y	U	S	C	X	H	M	X	Y
P	B	D	B	R	O	T	L	J	A	H	R	I	O
G	L	H	K	W	S	F	W	Y	C	H	E	B	L
G	S	E	S	T	E	I	N	M	W	O	D	U	A
E	W	L	H	B	M	R	M	B	Q	C	C	D	P
L	X	U	U	M	U	K	S	U	T	G	K	I	F
B	L	P	W	L	E	N	D	E	D	V	J	R	J
X	T	V	Q	M	D	Y	T	Q	C	U	S	W	E

Wortsuchrätsel '3' (leicht)

1. GELB
2. BROT
3. DIR
4. RING
5. STEIN
6. CENT
7. JAHR
8. TIERE
9. AUGE
10. HIMMEL
11. ENDE
12. TOMATE

Z	W	P	V	N	I	L	J	H	E	E	Q	U	R
O	G	O	G	A	U	C	H	U	N	A	S	E	G
M	I	I	R	C	O	S	N	N	K	V	J	V	M
A	M	H	F	B	W	A	E	Y	B	L	A	U	T
N	V	D	E	M	Y	A	M	N	K	V	H	N	L
E	O	K	U	J	F	I	B	F	Y	Y	W	Y	D
M	E	U	R	O	K	Z	I	E	G	E	E	G	D
K	B	J	K	O	D	E	J	F	D	H	P	N	O
J	E	F	R	B	A	L	O	S	Q	A	F	M	G
O	E	A	S	C	H	W	A	R	Z	D	M	U	S
F	B	K	H	V	P	U	H	C	F	I	P	T	Y
U	F	E	D	E	R	A	B	I	L	D	O	T	J
S	V	B	J	B	X	J	H	K	Q	J	D	I	P
Q	B	M	B	I	E	N	E	M	U	M	C	O	S

Wortsuchrätsel '4' (leicht)

1. MUTTI
2. BLAU
3. ZIEGE
4. SCHWARZ
5. FEDER
6. OMA
7. DEM
8. BILD
9. EURO
10. AUCH
11. NASE
12. BIENE

R	A	D	O	P	N	U	N	R	R	Z	N	M	Z
S	R	E	D	F	S	W	Y	L	F	Q	B	F	K
S	L	N	C	L	F	O	U	W	R	S	U	G	A
O	M	K	C	A	K	L	U	Y	S	I	N	H	U
G	W	E	U	N	P	L	V	V	I	I	T	O	F
F	R	N	L	Z	N	E	U	N	E	O	S	S	E
R	L	B	Q	E	J	N	P	O	B	Q	L	O	N
I	L	T	G	H	B	F	W	D	E	U	Ö	N	W
S	U	H	J	Q	T	Y	U	X	N	H	W	T	U
C	Q	K	Ö	N	N	E	N	Q	E	G	E	R	W
H	B	X	X	S	O	A	W	C	L	W	I	Q	H
P	N	S	X	S	Y	Q	U	A	T	S	C	H	I
D	E	N	D	R	M	Y	R	P	V	W	E	K	B
M	D	Z	R	M	E	I	N	E	X	K	G	J	S

Wortsuchrätsel '5' (leicht)

1. FRISCH
2. WOLLEN
3. MEINE
4. PFLANZE
5. DENKEN
6. KÖNNEN
7. QUATSCH
8. LÖWE
9. KAUFEN
10. SIEBEN
11. BUNT
12. DEN

K	P	U	D	L	S	Z	X	N	X	H	S	E	I
W	B	L	S	L	A	U	F	E	N	V	U	P	T
A	G	E	L	G	J	H	E	C	T	E	M	I	U
S	B	R	S	E	I	F	E	P	F	X	P	L	D
S	V	B	C	D	Y	I	S	H	C	W	O	E	I
E	M	T	O	H	C	I	Z	I	U	T	K	I	S
R	U	Z	C	V	F	F	G	M	N	X	B	C	L
H	J	E	N	G	P	P	E	V	D	S	Q	H	K
S	C	F	V	S	U	U	B	D	V	S	G	T	S
F	V	W	F	Z	U	E	E	X	X	Y	S	K	O
W	M	I	I	U	V	Y	N	Y	W	O	L	K	E
F	B	E	F	M	N	X	O	O	K	F	T	J	M
U	K	G	E	V	N	L	C	U	R	W	R	B	O
N	I	O	B	W	F	M	C	W	I	E	D	E	R

Wortsuchrätsel '6' (leicht)

1 WIEDER   2 WASSER   3 ZUM

4 WOLKE   5 GEBEN   6 SEI

7 LAUFEN   8 SEIFE   9 WIE

10 LEICHT   11 ENG   12 UND

T	H	S	Q	P	U	W	P	U	M	D	I	C	H
C	W	O	C	H	E	F	U	V	K	Z	F	L	K
S	W	O	N	L	F	N	U	T	R	Z	U	V	E
E	B	R	A	U	N	M	R	I	O	U	Y	G	I
Q	V	N	T	C	Y	Z	B	Z	L	Q	Q	I	N
U	T	D	T	D	B	E	R	S	L	S	Q	H	H
Z	L	Y	I	I	L	B	U	W	E	I	F	Y	P
A	A	J	E	V	E	O	F	M	N	K	I	C	V
G	C	E	R	A	I	L	E	Z	B	D	N	Y	Q
V	H	P	V	C	B	J	N	U	X	O	D	I	X
Q	E	G	W	K	E	U	R	L	I	O	E	D	S
L	N	V	J	P	N	D	G	J	U	X	N	W	E
C	Q	O	B	S	I	D	I	B	C	M	R	R	I
M	U	S	S	H	N	P	K	Q	Z	Y	Q	K	S

Wortsuchrätsel '7' (leicht)

1. BLEIBEN
2. MUSS
3. TIER
4. BRAUN
5. LACHEN
6. EIS
7. DICH
8. ROLLEN
9. WOCHE
10. EIN
11. RUFEN
12. FINDEN

I	B	D	C	D	R	D	L	P	O	V	S	R	L
V	E	A	D	B	X	B	H	G	F	G	J	J	V
O	V	B	S	V	R	B	W	O	R	T	M	F	D
V	A	T	E	R	M	W	T	N	N	B	N	Z	G
W	Q	S	F	N	R	T	S	E	M	Q	K	E	Q
A	G	O	T	A	G	H	W	E	I	T	U	I	S
Z	P	X	J	P	S	X	W	V	Q	K	O	G	L
C	N	R	F	Ü	L	L	E	R	X	M	H	E	X
C	M	Q	P	Q	C	C	J	A	W	J	O	N	C
D	C	G	A	B	E	L	B	W	L	I	T	V	Q
O	T	Z	M	Z	P	R	S	C	H	A	S	E	N
E	G	B	Q	P	L	J	X	F	W	F	E	G	W
B	U	G	Z	A	O	L	S	C	H	O	N	N	N
W	T	R	H	M	E	R	S	N	R	U	F	R	T

Wortsuchrätsel '8' (leicht)

1. VATER
2. SCHON
3. FÜLLER
4. GABEL
5. HASE
6. ZEIGEN
7. WORT
8. AM
9. GUT
10. TAG
11. WEIT
12. DA

M	F	W	G	X	Z	P	F	P	M	M	U	Z	D	H	H
V	R	P	E	Q	V	E	U	V	E	Q	J	D	N	A	K
H	U	I	O	B	I	C	S	U	I	F	A	T	T	I	X
W	Ü	B	E	R	X	D	S	S	N	B	L	Q	N	I	Z
N	C	J	G	P	I	H	G	T	L	T	I	X	C	R	U
G	R	E	O	W	K	J	Y	N	K	C	Z	S	R	P	B
B	E	Z	H	I	W	B	J	D	G	B	W	L	G	U	A
D	X	B	L	N	N	P	I	M	D	Q	T	I	R	A	U
Y	R	U	E	T	E	S	Q	F	M	J	U	N	O	R	E
D	B	O	I	E	K	E	P	E	N	J	H	C	S	B	N
P	Y	V	H	R	U	G	A	Q	V	K	B	Y	S	E	I
K	B	D	I	B	A	U	M	X	R	V	O	T	C	I	W
L	N	I	A	U	F	G	A	B	E	R	G	T	K	T	F
V	G	Y	H	V	F	Q	X	E	I	Q	R	O	V	E	C
J	P	T	W	L	N	R	L	B	K	B	F	Ü	R	N	L
U	X	E	M	Q	W	U	R	M	K	Y	S	W	H	N	X

Wortsuchrätsel '9' (mittelschwer)

1. FÜR
2. FUSS
3. ARBEITEN
4. ÜBER
5. HAI
6. MEIN
7. AUFGABE
8. EI
9. WINTER
10. BAUEN
11. BAUM
12. GROSS

Lena Rakete

LENA

Mathias Buhl · Humplgassl 10 · 82515 Wolfratshausen · Germany